NuoveVoci
TRACCE : THRILLER

Mario Tettamanti

Inganni e vendette sotto il cielo dello Xinjiang Uiguro

ALBATROS

© 2024 **Gruppo Albatros Il Filo S.r.l.**, Roma
www.gruppoalbatros.com - info@gruppoalbatros.com

ISBN 978-88-306-9304-3
I edizione marzo 2024

Finito di stampare nel mese di marzo 2024
presso Rotomail Italia S.p.A. - Vignate (MI)

Distribuzione per le librerie **Messaggerie Libri Spa**

Inganni e vendette sotto il cielo dello Xinjiang Uiguro

Alla mia famiglia
Ai miei amici

PROLOGO

BEIJING WEEKLY, giovedì 19 febbraio 2015
Doppio assassinio al Mandarin Hotel

Allertata dalla direzione del Red Mandarin Hotel, il lussuoso albergo di *Wangfujing*, il quartiere di Pechino noto per lo shopping di lusso, la polizia di zona ha trovato questa mattina in una delle suite i corpi di due donne barbaramente uccise. In una conferenza stampa il responsabile della pattuglia d'intervento ha comunicato che le due donne, dettaglio molto strano, sono state assassinate con modalità diverse. Una delle vittime, trovata sdraiata sul pavimento, è stata uccisa con due punteruoli conficcati da tergo nel collo. Il vestito, i capelli e il corpo erano intrisi di sangue.

La seconda vittima è stata invece colpita in piena fronte da un colpo di pistola sparato da distanza ravvicinata. La suite che ospitava le due donne era sottosopra, gli armadi spalancati, i vestiti e ogni sorta di oggetti erano sparsi alla rinfusa sul pavimento. Questo aspetto lascia presumere che l'assassino, o gli assassini, che probabilmente erano convinti di poter agire indisturbati, stavano cercando qualche cosa d'importante. Forse sorpresi - ha continuato il responsabile degli inquirenti - hanno dovuto sopprimere le due donne. Dopo l'efferato delitto gli assassini hanno lasciato indisturbati l'albergo. Le telecamere interne ed esterne alla struttura sono al momento all'esame del laboratorio di polizia. Nelle prossime ore l'istituto di patologia di Pechino eseguirà l'autopsia sui due corpi. A questo punto - hanno sottolineato gli inquirenti - saremo in grado di comunicare maggiori ragguagli riguardo al duplice delitto. Una delle due vittime risulta di nazionalità cinese. Per quanto riguarda la seconda, la verifica della sua identità è ancora in corso.

Il Commento
Nella notte di ieri, in cui le due donne sono state assassinate, abbiamo abbandonato l'anno del Cavallo e abbracciato quello della Capra. Un anno, quello appena terminato, contraddistinto da alcuni fatti importanti come la messa in cantiere di molte opere sulla Via della Seta sia terrestre sia marittima, la lotta avviata dal Governo contro la corruzione interna al Partito comunista, le manifestazioni di insofferenza verso il nostro paese da parte di cittadini di Hong Kong, le sempre più insistenti critiche americane sull'atteggiamento cinese riguardo all'isola di Taiwan e, soprattutto, i sanguinosi attentati terroristici perpetrati dalla minoranza uigura di fede musulmana della Provincia dello Xinjiang, la grande regione autonoma nel Nord-Ovest della Cina. Pechino, come sempre in occasione del passaggio al nuovo anno, si è colorata a festa, sommersa da fuochi d'artificio e da rumori assordanti. Mentre veniva consumato quell'atroce delitto, milioni di nostri concittadini gustavano la cena in famiglia, guardando il programma offerto dalla CCTV nazionale, giocando a mahjong con soldi veri e regalando ai parenti, come vuole la tradizione, soldi falsi da bruciare. Nei prossimi giorni i fuochi d'artificio solcheranno il cielo della nostra gloriosa Capitale. La luce del giorno nasconderà i colori lasciando via libera ai sordi boati. Di sera e di notte, invece, i colori dei fuochi d'artificio riappariranno in tutto il loro splendore. La festa di luci continuerà ancora per diversi giorni. Le vite delle due donne si sono invece precocemente concluse ieri notte nella lussuosa suite del grande al-

bergo. Per entrambe l'anno del Cavallo si è chiuso tragicamente e quello della Capra non è mai iniziato.

BEIJING WEEKLY, giovedì 27 giugno 2013
Attentato al posto di polizia di Lukqun, Provincia dello Xinjiang

Ieri mattina a Lukqun, cittadina a 200 chilometri da Urumqi, capitale della Provincia autonoma dello Xinjiang, una ventina di terroristi uiguri muniti di fucili e coltelli hanno attaccato verso le 10:00 del mattino una delle cinque stazioni di polizia della cittadina di circa 30.000 anime. Nell'attentato sono morte trentaquattro persone di cui sedici poliziotti, otto terroristi e dieci civili. Tra questi ultimi vi erano quattro turisti tedeschi, due francesi, due gemelli di 16 anni con passaporto australiano e una guida del posto. Il gruppo si trovava presso la stazione di polizia in attesa di ottenere il lasciapassare per l'escursione in un luogo protetto della Provincia. Gli uomini di guardia sono stati sorpresi dall'azione rapida e silenziosa dei terroristi. I poliziotti sono riusciti a rispondere al fuoco e hanno ucciso otto terroristi, tre sono stati arrestati e portati nella prigione di Urumqi. Si presume che una dozzina di terroristi sia riuscita a fuggire a bordo del furgoncino che era servito per raggiungere il luogo dell'attentato. Un testimone intervistato subito dopo il grave fatto ha detto che uno dei terroristi gli era sembrato una donna che, dopo essere salita in tutta fretta sul furgoncino si è tolta, a mo' di sfida, la maschera di stoffa nera che le nascondeva il volto. Vista la velocità con la quale l'automezzo degli attentatori è schizzato via, la rivelazione rilasciata da un privato cittadino presente sul posto va considerata per il momento con un certo riserbo.

UNO

Pechino, martedì 14 ottobre 2014
«Sorpresa...! Ciao bel bretone, sono Ami Li. Ti ricordi della tua affezionata amica cinese?».
«Fammi pensare. Sei quella alta e bionda che ho incontrato ieri sera al *Chocolate*, la discoteca dei russi di Pechino, o quella piccolina conosciuta qualche giorno fa in quel negozietto di *jaozi* vicino al Mercato della seta di *Dawanglu*?».
«Ho capito, Marcel, ti va di prendermi in giro. Ma oggi proprio non c'è nulla da scherzare. Ti comunico che sono incinta».
Silenzio di tomba dall'altra parte del filo. In sottofondo solo il rumore classico dei bar con la musica unita al tintinnio dei bicchieri e dei piatti che si toccano e il chiacchiericcio dei clienti. Per la verità qualche cosa in più si percepiva, preoccupazione e un respiro affannoso.
«Ti ho beccato... nessun piccolo misto breton-cinese in arrivo, è uno scherzo, anzi è una prova per capire la tua reazione. Tranquillo, per oggi non sei obbligato a tentare il suicidio».
«Disgraziata donna cinese» - rispose Marcel che nel frattempo, dopo essere sbiancato, stava lentamente riprendendo il suo colorito abituale - «a momenti mi prendo un infarto».
«Dimentichiamo gli scherzi e veniamo al dunque» - proseguì Ami Li - «ti chiamo perché ho trovato il ristorante per questa sera. Vedrai, un posto particolare, in un ambiente particolare, pieno di storia, tranquillo e isolato. Un'esperienza che nessuna donna occidentale, alta e bionda ti potrebbe mai regalare».

«Nemmeno quella mia amica americana che vive da dieci anni a Pechino?».

«Proprio lei, figuriamoci, quella specie di *cammella* del Texas».

«Accidenti, Ami Li, ti sento bella lanciata, allora questa sera mi attendono esperienze eccezionali. Come tu ben sai, mai e poi mai potrei rinunciare alle tue meravigliose avventure cultural-culinarie! Ti va bene se ci vediamo al Pinocchio verso le 20:30?».

«Perfetto, a dopo».

Ami Li, cinese, 25 anni
Vispa, intelligente, seria e carina, da un paio di anni era la compagna cinese di Marcel Girard, un trentacinquenne francese della Bretagna. Ami Li, originaria di Qingdao, una bella città sul Mar Giallo nella provincia dello Shandong, era il prototipo della giovane cinese. Alta, si fa per dire, circa un metro e sessantacinque, di carnagione chiara, capelli neri e lisci, occhi neri rigorosamente a mandorla. La giovane si distingueva per un sorriso che Marcel trovava irresistibile. Dopo il liceo, si era trasferita a Pechino per seguire la formazione di ispettrice di polizia. Fin da adolescente la giovane aveva coltivato la passione per le inchieste giudiziarie grazie ai documentari che spopolano sulle televisioni regionali cinesi. Non i telefilm che ben conosciamo in Occidente, ma piuttosto veri e propri documentari sull'operato delle forze dell'ordine nella lotta contro lo spaccio di droga o di inchieste su intricati avvenimenti che spesso terminano con l'uccisione di qualche capo clan malavitoso. All'inizio il fatto che Ami Li fosse una poliziotta aveva un po' spaventato Marcel. Poi il bretone si era abituato allo stato particolare della giovane cinese e insieme formavano una coppia affiatata. Una sera Marcel le aveva detto, citando uno scrittore

italiano, che lei era una "che guardava il cielo dall'alto". Quel complimento che in cinese suonava pressappoco così: *Cóng shàngmiàn kàn tiānkōng*, aveva lasciato la giovane di stucco. Quel giorno si era detta che uno che ti dice cose così belle bisognava tenerselo ben stretto. Negli ultimi due anni Ami Li lo aveva introdotto alle varie espressioni della cucina cinese. Pechino per questo esercizio era un laboratorio perfetto. Tra i due, il rito del ristorante si ripeteva più o meno una volta ogni due settimane. I locali scelti da Ami Li non regalavano solo pietanze eccezionali, ma anche musiche e coreografie stupefacenti. Lei era innamorata del bretone e lo dimostrava con affetto e mille attenzioni. Lui pure era preso dalla giovane cinese ma per il momento non era pronto a rinunciare al suo stato di scapolo impenitente. Stato che a Pechino, e in Cina in generale, presentava un grande vantaggio unito a qualche rischio. Il principale vantaggio era quello di essere molto corteggiato e dunque di poter godere delle attenzioni di tante pretendenti. Il rischio consisteva nel diventare un vecchio scapolo non più in grado di soddisfare il grande vantaggio citato prima con la conseguenza di poi cadere per disperazione nelle braccia della cinese sbagliata.

Marcel Girard, francese della Bretagna, 34 anni
Nato nel 1980 nel villaggio di Avranches, non lontano dal Mont Saint-Michel, a cavallo fra Bretagna e Normandia, nel bel mezzo di *mouton pré salé* e ostriche. Terminata la formazione commerciale aveva iniziato a lavorare a Le Havre presso una società di spedizioni internazionali specializzata nel traffico navale. Alla fine dell'estate del 2010, a 30 anni appena compiuti, Marcel decise di lasciare la Francia per tentare l'avventura in Cina. A Pechino, o meglio a Tianjin, il porto della Capitale, grazie all'esperienza acquisita in Francia, Marcel venne scelto per essere a capo della filiale cinese della ditta in

cui lavorava a Le Havre. Due anni dopo, nel dicembre 2012, mettendo a frutto le conoscenze acquisite in quegli anni, il bretone fondò e registrò a Tianjin la sua personale società di spedizioni, la French-Overseas Forwarder Ltd, attiva nei trasporti marittimi tra la Cina e l'Europa. Alle sue dipendenze aveva al momento dieci persone. Marcel abitava vicino al Lufthansa Center a Est del terzo anello vicino al Chaoyang Park in un palazzo a dimensione umana, in un luogo che sembrava, non tanto per l'aspetto estetico ormai europeizzato, ma piuttosto per tipologia di attività e caratteristiche dei residenti, a un quartiere della vecchia Pechino, colmo di negozietti di tutti i tipi, unitamente a ristoranti, case da tè, lavanderie, locali per massaggi, piccole officine per la riparazione di biciclette e motorini, un dentista che da ambulante si era sedentarizzato e una farmacia piena zeppa di erbe, radici e insetti. Tutti i prodotti per comporre le ricette create dai medici che ancora praticano l'antica medicina cinese. Ami Li e Marcel vivevano pienamente in allegria e indipendenza la loro relazione. Il primo a stupirsi per quanto successo fu proprio Marcel che da buon bretone non credeva fosse possibile trovare a Pechino una compagna così speciale. La sera del loro primo incontro parlarono di tutto, del loro lavoro, dei luoghi della loro infanzia, dei loro genitori e dei loro amici. Il fidanzamento, o meglio, una specie di fidanzamento tra i due venne celebrato in modo perlomeno singolare, nel senso che avvenne una sera, con la presenza di pochi amici e tanta birra, al Club Il Pinocchio, nel quartiere di Sanlitun conosciuto per l'affluenza degli stranieri che vivono, studiano e lavorano a Pechino. Da quella sera Ami Li diventò per tutti gli avventori del locale la fidanzata cinese del bretone trapiantato a Pechino. A celebrare, si fa per dire, il fidanzamento, fu Giulio, affezionato amico della giovane cinese e storico titolare del Pinocchio.

Giulio Damiani, svizzero, 55 anni

Brizzolato, fisico asciutto, Giulio era da sempre il titolare del Club il Pinocchio, un locale disegnato come i vecchi pub inglesi, con le pareti di legno scuro che sapevano di alcool, fumo e profumi di donne. Situato in una delle più belle e vecchie case del quartiere di Sanlitun, il suo Club era diventato il ritrovo per eccellenza dei residenti stranieri che vivevano a Pechino e che, dopo il lavoro, per tradizione, passavano dal suo locale per scambiare quattro chiacchiere con vecchi amici e per conoscere i nuovi arrivati in città. Incredibile ma vero, in una megalopoli di ventidue milioni di abitanti, in quel locale gli *expatriates* di Pechino si conoscevano tutti. Da quando Marcel aveva iniziato a frequentare Ami Li, il bretone aveva notato che Giulio, il padre padrone del locale, uomo schivo e poco incline al sorriso, era diventato nei suoi confronti un po' più gentile. Marcel aveva altresì notato che il Pinocchio era la meta di alcuni personaggi particolari che, da come interagivano, dovevano avere un passato in comune. Due di questi, entrambi cinesi, apparivano di tanto in tanto nel locale. Uno, anziano, slanciato, distinto e discreto e l'altro, di qualche anno più giovane del primo, dal fisico possente che solo a vederlo incuteva timore. I due cinesi spesso si ritiravano nell'ufficio di Giulio per chissà quali segrete discussioni.

Pechino, le 20:30 di martedì 14 ottobre 2014

Marcel era già al Pinocchio in attesa di Ami Li. Era una limpida serata di metà ottobre. La temperatura si stava lentamente abbassando. Ancora un paio di settimane e avrebbe fatto la prima apparizione il freddo secco tipico di Pechino. Nella Capitale il tempo meteorologico segue pedissequamente la teoria della pianificazione in uso in Cina dai tempi del comunismo. Molto calda e umida l'estate, tiepido l'autunno (la stagione migliore), freddo secco l'inverno, variabile e ventosa la primavera. Insomma, il clima in Cina non sgarrava mai. Ami Li arrivò con qualche minuto di ritardo. Saltò letteralmente al collo di Marcel e lo baciò come se non lo avesse visto da mesi.

«Allora» - disse Marcel - «cara poliziotta, dove si va questa sera?».

«Lo scoprirai presto. Fammi salutare Giulio, altrimenti si offende».

«Per la verità non mi è assolutamente chiaro il motivo per il quale lui dovrebbe offendersi».

«Gelosetto il ragazzo? Su dai, prendiamo un taxi?».

«Scherzi» - disse Marcel - «mettiti qualche cosa di caldo, si va in sella al mio siluro».

Da qualche anno a Pechino solo le moto elettriche erano ammesse. Per gentile concessione del Sindaco della capitale, probabilmente pure lui amante delle due ruote a motore, i pochi cinesi o stranieri che possedevano da tempo motociclette d'epoca a motore potevano usufruire di un permesso speciale.

La proposta culinar-culturale di Ami Li si rivelò effettivamente fuori dal comune. Il ristorante scelto dalla giovane era piccolissimo, si trovava nei pressi della famosa *Nanluoguxiang*, una stradina molto di moda tra i cinesi in cerca di un mix patriottico e qualche sorpresa etnica, come piccoli ristoranti italiani, bar a *tapas* spagnoli, caffè francesi, piccoli negozi di tutti i tipi, *Wine bar* con vini di ottima qualità e, della serie i cinesi non si fanno mancare niente, vi era pure un minuscolo locale dove si poteva gustare un'ottima fondue vallesana. Da segnalare inoltre piccoli Club dove la sera tardi musicisti cinesi e stranieri suonavano *Blues* e *Jazz*. Lasciata la festosa e frequentata *Nanluoguxiang*, Ami Li trascinò

Marcel in una piazzetta buia da cui partivano diversi vicoli.

«Eccoci, vedrai, Marcel, questo posto ti piacerà e ti stupirà. Vado avanti io per non allarmare il proprietario del locale. Qui non vedono di buon occhio facce straniere. Persino i cinesi sono visti come intrusi. Pensa un po' un francese della Bretagna».

Per via del suo lavoro in cui spesso era chiamato a improvvisare, Marcel era uomo abituato a ogni situazione. In quel momento però si sentì preso nella morsa tra sorpresa e preoccupazione. Pensò che se non ci fosse stata Ami Li di sicuro in quel posto non ci sarebbe mai entrato. Il locale era simile a molti piccoli ristoranti cinesi situati negli *hutong*, quartieri della vecchia Pechino caratterizzati da case tradizionali fatte a corte. Abitazioni solide in grado di difendere in passato gli abitanti dai nemici provenienti dal Nord e oggi per proteggere i pechinesi dal freddo invernale o dal caldo estivo. L'entrata del ristorante consisteva in un corridoio di una decina di metri illuminato, si fa per dire, da suggestive ma poco efficienti lampade a petrolio. Un'entrata tanto stretta e buia che a fatica si intravvedeva dalla strada.

L'odore in quel corridoio era composto da un mix di carne grigliata, fumo di sigarette di qualità mediocre, odore acre del petrolio che bruciava nelle lampade appese alle pareti e sudore degli avventori. Ai lati del corridoio vi erano alcune sedie per coloro che, in caso di pioggia o freddo invernale, attendevano il loro turno per la cena. Una tenda spessa separava il corridoio dall'entrata dal locale adibito a sala da pranzo con una ventina di tavoli. In fondo alla sala, separata pure essa da una semplice tenda, vi era la cucina. Ai fornelli si potevano notare alcune donne indaffarate a preparare le pietanze. Su apposite mensole ai lati della cucina vi erano montagne di verdure pronte per essere cotte al momento. Grandi padelloni adagiati su fornelli a gas contenevano invece carni diverse cotte in umido. Al centro della cucina friggeva la carne di agnello, piatto centrale del menu del piccolo locale. La ventilazione della cucina era una piccola apertura che dava sulla corte interna dell'*hutong*. Anticipando la domanda di Marcel, Ami Li disse:

«Non ti preoccupare, ho riservato, non dovremo attendere a lungo».

«Niente male» - disse Marcel - «non sembra di essere in Cina. Dai tratti del viso degli avventori e del personale e dai loro vestiti pare di essere in un quartiere di Kabul, prima dell'arrivo dei Talebani o in alcuni quartieri della vecchia Istanbul».

«Ci sei andato vicino, le persone presenti nel ristorante sono cittadini uiguri che studiano o lavorano a Pechino» - spiegò Ami Li -. «Questo ristorante è uno dei loro punti di ritrovo».

«Chi sono questi uiguri?» - chiese incuriosito Marcel.

«Sono una minoranza di religione musulmana e di etnia turcomanna. Sono circa dieci milioni e risiedono principalmente nella Provincia autonoma dello Xinjiang, nel nord ovest della Cina. Kashgar è, all'interno della Provincia, la loro città di riferimento. Da alcuni anni in quei luoghi è in atto un braccio di ferro tra gli uiguri e il potere centrale cinese caratterizzato da attentati e, di riflesso, di repressioni. Dopo gli attentati terroristici degli ultimi due anni sono sorvegliati speciali da parte della polizia politica cinese. Non dobbiamo dare l'impressione di essere troppo interessati a loro. Meglio dimostrare curiosità e non interesse. La curiosità è accettata, l'interesse meno».

«Dunque mi stai dicendo che sono piuttosto pericolosi».

«Certo, tra gli uiguri vi sono alcuni personaggi piuttosto radicalizzati ma, cosa che fa più incavolare il Partito comunista cinese, è la volontà rivendicata da alcuni di loro di separarsi dalla Cina per costituire un presunto Stato del Turkestan orientale. Chiaro che non è per nulla facile per una manciata di fondamentalisti turcomanni chiedere al potere centrale cinese di regalare loro l'indipendenza, unitamente al territorio in cui abitano, che rappresenta quasi il venti percento di tutto il territorio nazionale».

Marcel cercò di interpretare la differenza tra curiosità e interesse. Nei pochi minuti seduto in quel corridoio in attesa che si liberasse un tavolo, il bretone aveva notato che, oltre a coppie di avventori, nell'angolo in fondo al locale vicino alla cucina vi era un gruppo formato da un anziano circondato da alcuni giovani che ascoltavano in rispettoso silenzio le sue parole. L'anziano, disse Ami Li, era di etnia uigura, mentre i giovani erano un miscuglio di uiguri e cinesi han, probabilmente studenti universitari. Ogni tanto uno dei giovani, un cinese, sollevava lo sguardo in direzione della porta d'entrata. Era evidente, pensò Marcel, che il gruppo stesse aspettando qualcuno. Dall'attenzione e dal rispetto dei giovani nei suoi confronti, l'anziano uiguro doveva essere una persona importante. Poi Marcel si accorse che Ami Li lo stava fissando in modo severo. Con un sorriso sornione si rivolse a lei.

«Non ti preoccupare cara poliziotta, sto curiosando, non mi sto interessando a loro».

Una donna indicò il tavolo a loro riservato.

«Accidenti, Ami Li, hai proprio scelto un angolino particolare. Da qui non sfugge nulla, sembra di assistere ad una rappresentazione teatrale. Ma tu sei curiosa o interessata alla gente che questa sera si trova in questo locale?».

Il bretone non era uno sprovveduto e conosceva Ami Li come le sue tasche. Aveva capito che l'invito in quel posto particolare, oltre allo scopo culinario, nascondeva altri intendimenti. Ami li fu sorpresa dall'osservazione di Marcel.

Sapeva che il suo amico era sveglio ma non fino al punto di capire tanto in fretta il perché della scelta di quel locale. Dopo un momento di riflessione decise che era venuto il momento di dargli una spiegazione.

«Non sono molto fiera di averti trascinato in questa sorta di avventura. Prima di venire al Pinocchio il mio capo mi ha chiamato e mi ha dato un incarico particolare. Siccome non volevo rinunciare alla cena con te ho pensato che potevo unire l'utile al dilettevole. Vale a dire l'incarico del mio capo unito a una delle nostre uscite settimanali. Comunque hai ragione, questa sera la mia non è curiosità ma è interesse. Prometto che poi ti spiegherò tutto in dettaglio. Ma ora pensiamo a ordinare la cena. Qui il piatto principale consiste nell'agnello fritto, cucinato in modo particolare. Tagliato a pezzetti non molto grandi viene avvolto in una leggera pastella salata e poi fritto. Insieme alla carne si possono avere diverse varietà di verdure. Se ti va comando anche un paio di entrate a base di interiora di agnello».

«Nessun problema, tutto a posto. Quell'agnello arrosto fritto nella pastella mi fa venire l'acquolina in bocca. Vediamo se sarà così buono come l'agnello bretone che bruca l'erba salata quando il mare si ritira durante la bassa marea».

«Bassa marea? Cos'è questa storia del mare che si ritira?» - chiese Ami Li incuriosita da questa storia.

«Te lo spiegherò un giorno con calma. A proposito, chi è quel tuo capo che ti chiama in orari indecenti come, per esempio, quando io e te dobbiamo andare a cena?».

«Se un giorno lo conoscerai, capirai immediatamente che a lui è impossibile dire di no. Comunque, come per la bassa marea, ne parliamo dopo, quando torniamo al Pinocchio, te lo prometto. Anche se poi non ti potrò dire tutto. Sai che anche in Cina, come in Francia, ci sono segreti che, come dice il nome, devono rimanere tali».

Ami Li tentava in ogni modo di stemperare la tensione. Era evidente che oltre al buon cibo, a farla da padrone quella sera era l'adrenalina che aveva contagiato anche Marcel. Il bretone aveva notato che spesso, come d'altra parte faceva il cinese al tavolo d'angolo, Ami Li fissava la porta del ristorante come se pure lei attendesse l'entrata di una sorta di convitato di pietra.

A un certo punto nel locale entrò una giovane dai tratti uiguri che raggiunse senza esitazione il gruppo nell'angolo. Al suo arrivo i giovani si alzarono in piedi per salutarla. Lei rispose con il cenno del capo e andò diretta verso l'anziano uiguro. Lo salutò e si sedette accanto a lui. I due parlarono fitto e sottovoce. Poi l'anziano le consegnò una busta che lei mise in tasca senza curarsi del contenuto.

La fidanzata di Marcel osservò la scena evitando di mostrarsi troppo interessata. Ami Li, in quel momento, pensò Marcel, sembrava un cane da punta in ferma che, per non far scappare la preda, evitava di proposito di attirare la sua attenzione. Il bretone pensò che il meglio che poteva fare era non distrarre Ami Li dal suo lavoro. Si mise così a leggere il menu del ristorante anche se era scritto in caratteri incomprensibili. Lo lesse e rilesse talmente tante volte che alla fine gli sembrò di capire che cosa c'era scritto. Lei lo guardò e con gli occhi gli fece comprendere quanto gli era grata.

Di sicuro, quella ragazza turcomanna appena entrata non era una qualunque turista di passaggio a Pechino. La differenza di trattamento tra lei e il vecchio uiguro non sembrava essere significativa. Segno che doveva essere una *leader* riconosciuta. Ami Li rivelò in seguito a Marcel che la giovane uigura era sospettata dai Servizi cinesi di aver partecipato in prima persona ad alcuni sanguinosi attentati terroristici.

L'obiettivo di Ami Li di quella sera non era fermarla, sarebbe stato troppo facile, ma piuttosto seguirla nei suoi spostamenti una volta che avesse deciso di lasciare il locale. Così facendo sarebbe stato possibile identificare il luogo dove alloggiava e forse scoprire il suo nome.

Un altro obiettivo consisteva nell'identificare le persone con le quali doveva prendere contatto. La scoperta dell'incontro tra la ragazza e il vecchio uiguro era già una importante vittoria. Una minuscola telecamera fissata sugli occhiali, permise ad Ami Li di scattare, senza essere notata, fotografie nitide malgrado l'oscurità del locale. Di tanto in tanto la giovane uigura si guardava attorno. Per evitare che la stessa dubitasse di essere seguita, Ami Li si mise a parlare stretto con Marcel tenendogli la mano, come fanno spontaneamente due fidanzati.

Improvvisamente la giovane uigura, dopo aver ricevuto la busta dall'anziano, uscì con passo spedito dal locale. La sua borsa, lasciata appoggiata alla sedia, lasciava intendere che sarebbe tornata. Aveva guardato l'orologio e aveva preso il cellulare. Ami Li lasciò passare qualche secondo e poi uscì pure lei dal locale. Nella stradina l'oscurità aveva preso il sopravvento. Appena fuori dal corridoio illuminato dalle lampade a petrolio, a una decina di metri dall'entrata del ristorante, la giovane uigura fece una telefonata. Si esprimeva in inglese. Ami Li era troppo lontana e non riuscì a capire di cosa stesse parlando, ma il fatto che la lingua non fosse il cinese o l'uiguro ma l'inglese era già di per sé un'informazione importante.

La ragazza non stava conversando né con un suo connazionale né con un cinese. Marcel era preoccupato per Ami Li. Avrebbe voluto raggiungerla ma poi pensò che poteva essere una mossa sbagliata che avrebbe potuto nuocere alla sua amica. Ami Li capì che la ragazza uigura stava spiegando a qualcuno il contenuto della discussione avuta con l'anziano personaggio incontrato nel locale. Chi poteva essere quella persona che dall'altra parte del filo si esprimeva in inglese? Chi poteva essere la persona interessata alla discussione tra la ragazza e il vecchio uiguro? Mentre la ragazza rientrava di fretta nel ristorante Ami Li fece pure lei una telefonata ai sui colleghi che si trovavano appostati all'esterno del locale.

«Attenti perché la ragazza sta per lasciare il ristorante. È troppo rischioso per me pedinarla. Seguitela voi e cercate di scoprire dove va. Non so come si muoverà. Preparatevi a filarla in bicicletta, motocicletta o a piedi. Dobbiamo assolutamente scoprire dove alloggia».

«Cosa facciamo con l'anziano uiguro?» - chiese l'interlocutore di Ami Li.

«Di lui ora abbiamo le fotografie dell'incontro con la ragazza. Chiedi a un tuo uomo di pedinarlo all'uscita del ristorante in modo da scoprire il suo indirizzo a Pechino. Anche lui ci serve da libero per poter identificare le persone che incontra, come quei giovani che sono al momento al suo tavolo e che ho fotografato».

Ami Li rientrò nel locale e quasi si scontrò con la giovane uigura che nel frattempo aveva ripreso il suo zaino e si apprestava a lasciare il ristorante. Per un attimo i loro sguardi si incrociarono. Ami Li ebbe un sussulto. Negli occhi neri della ragazza aveva intravisto piccole macchie rosse come schizzi di sangue. Il delicato compito di Ami Li era terminato. Ora toccava ai suoi uomini pedinare la ragazza.

«Eccomi, sono di nuovo tutta tua» - disse Ami Li rivolgendosi a Marcel - «la sceneggiata è quasi finita e immagino che tu abbia molte domande da farmi. Come avrai capito tra i miei incarichi ci sono anche alcune missioni particolari. Se ti ho chiesto di accompagnarmi è perché mi fido di te, so che non poni molte domande».

«Certo che la tua concezione di posto sicuro e tranquillo è particolare. Se ho ben capito, e mi pare di aver capito bene, ci troviamo in una sorta di folcloristico, sicuro e tranquillo… covo di terroristi!».

«Mi dispiace Marcel, veramente».

La giovane uigura nel frattempo si era incamminata lungo una stradina e, vista l'ora, forse rientrava a casa. Lasciato il limite Est di quel quartiere di *hutong*, si era diretta verso il Tempio del Lama vicino alla famosa via dei ristoranti popolari chiamata *Guijie,* la strada dei fantasmi o strada degli spiriti. Una strada lunga e diritta, proprio perché i fantasmi si muovono solo in linea retta. (Da una curiosa osservazione di Siegmund Ginzberg in *"Colazione a Pechino"*). L'oscurità e la tranquillità degli *hutong* aveva lasciato il posto a un rumoroso incrocio di strade avvolte in un bagliore di luci e di odori. L'animazione della *Guijie* sarebbe continuata fino alle prime luci del mattino. Dopo essersi guardata attorno per assicurarsi di non essere seguita, la ragazza estrasse il cellulare, compose un numero e di nuovo parlò in inglese:

«Ciao Abigail, ce l'ho fatta, sono stata al Covo dove ho incontrato l'anziano. Mi ha consegnato la busta. Non ho ancora esaminato il contenuto. Lo faccio da casa e poi mi faccio sentire».

«Sei stata prudente, ti ha visto qualcuno?».

«Ho fatto molta attenzione. Al ristorante c'era però una giovane coppia che mi sembrava un po' interessata a quanto succedeva nel locale. Lei cinese e lui straniero. Non posso affermare con certezza che mi spiassero. Invece in questo momento sono sicura di essere pedinata. Qualcuno mi sta seguendo da quando ho lasciato il locale. Ora vedo di levarmelo di torno. Se scopre dove abito mi tocca cambiare indirizzo».

«Va bene, Ugul, se necessario, ti faccio avere un nuovo indirizzo sicuro a Pechino. Quando puoi fammi sapere i contenuti della busta. Se si tratta di qualche cosa di importante te la posso tenere io in un posto sicuro fuori dalla Cina. Nei prossimi giorni mi attivo per quello che tu sai. Ti ho inviato un po' di soldi. Ti

serviranno per organizzare i movimenti dei tuoi ragazzi in Francia».

Terminata la cena Marcel e Ami Li partirono in direzione del Pinocchio, a Sanlitun. Arrivati da Giulio, Ami Li raccontò a Marcel degli efferati attentati accaduti negli ultimi mesi in Cina sferrati da cittadini uiguri. In particolare quello di Lukqun, una remota cittadina a duecento chilometri da Urumqi, la capitale dello Xinjiang dove una ventina di terroristi uiguri muniti di fucili e coltelli aveva attaccato una stazione di polizia. Nell'attentato erano morte trentaquattro persone tra poliziotti, terroristi e civili.

Una bomba era stata fatta esplodere vicino a un mercato nel quale un piccolo gruppo di turisti si era avventurato per gustare quell'atmosfera di sapori mediorientali dei mercati locali. Gli attentatori erano giunti a bordo di due auto scure e avevano cominciato a scagliare granate a mano sulla folla indifesa. Il titolare di un negozio aveva raccontato alla polizia di aver visto, una volta cessata la furia delle esplosioni, bancarelle e negozi distrutti, numerosi corpi distesi in mezzo al sangue e brandelli di abiti sparsi tutto intorno.

Marcel ascoltò con interesse il racconto di Ami Li. Avrebbe voluto chiedere se il comportamento di Pechino nello Xinjiang fosse sempre stato corretto. In quegli anni il bretone aveva imparato a non bere tutto quello che il governo cinese illustrava alla sua gente attraverso i suoi giornali. Un giorno avrebbe chiesto spiegazioni ad Ami Li di quello che in Occidente si affermava riguardo a campi di concentramento creati dal Governo cinese dove, si diceva, fossero rinchiuse svariate centinaia di migliaia di cittadini uiguri. Secondo la "simpatica" tradizione comunista, si trovavano in quell'ameno luogo per essere rieducati.

«Un altro attentato,» - proseguì Ami Li - «dal sapore di

sfida aperta alle autorità centrali, è stato quello nei pressi della Città Proibita. Una vettura con a bordo tre persone e piena di esplosivo si è gettata contro le transenne all'entrata di quel luogo sacro per i cinesi. Tutti i terroristi sono morti nell'attentato. In quell'occasione sono pure morte una decina di persone che, per sfortuna loro, camminavano sul marciapiede».

Marcel ricordava bene quanto accaduto quel giorno. Aveva pensato che bisognava essere fuori di testa per suicidarsi in tre quando per guidare l'auto-bomba bastava un attentatore. Riflessione che, per gentilezza, decise di non condividere con Ami Li.

«Come mai - chiese Marcel - improvvisamente tutta questa animosità tra cinesi e uiguri?».

«Per la verità non è qualche cosa di nuovo, anzi, di tanto in tanto il problema torna a galla».

«Cos'è, una questione religiosa?».

«Non proprio, anche se di questi tempi nello Xinjiang musulmano c'è aria di primavera araba, anzi, addirittura di voglia di secessione. Il problema per noi cinesi è che questa regione è grande e importantissima. Il sottosuolo dello Xinjiang, per la fortuna dei cinesi e sfortuna degli uiguri, è una specie di lampada di Aladino dove basta strofinare e dalla terra sgorgano quantità infinite di carbone di primissima qualità, centinaia di milioni di barili di petrolio e sostanziose quantità di cosiddette terre rare indispensabili per la nostra industria elettronica. Per questo motivo, ma non solo, si spiega perché la Cina, costi quel che costi, non vuole sentir parlare di secessione».

«E tu, mia cara poliziotta, in tutto questo cosa c'entri? Da che parte stai?».

«Ti prego Marcel, ordinami da bere… qualche cosa di forte, per favore!».

DUE

Pechino, mercoledì 22 ottobre 2014
«Buongiorno, sono Eliane Merz, vorrei parlare con Marcel Girard, responsabile della French-Overseas».
«Lei è fortunata, sono io, come posso esserle utile?».
«Perfetto, sto cercando una ditta di spedizioni navali che mi organizzi un trasporto di merci dalla Francia alla Cina nella seconda settimana di novembre. Lei mi può aiutare?».
«Certo, sono qui per questo. Da dove chiama?».
«Da Hong Kong, ma posso venire a Pechino in qualsiasi momento».
«Fantastico, mi dica quando ci possiamo incontrare per organizzare il trasporto».
«Le andrebbe bene questa domenica? Mi scuso per la fretta, purtroppo poi sarò occupata per qualche tempo».
«Per me non ci sono problemi».
«Molto bene - disse la donna - allora suggerisco di vederci domenica 26 ottobre, se le va bene alle 23:00 al bar dell'Hotel Ritz nel quartiere di *Dawanglu*, che non è lontano da casa sua. Direi che con la sua potente motocicletta mi può raggiungere in una quindicina di minuti».
«Lei sa dove abito e sa della mia moto? Miss Eliane, lei ha deciso di stupirmi, cosa che non mi capita spesso e questo mi incuriosisce molto».
Marcel non lo lasciò troppo ad intendere ma rimase parecchio sorpreso. Chi era questa? Un'aliena? Una spia? Una dei Servizi segreti? Sa dove abito e che ho una moto potente, fissa un incontro ad un'ora in cui la gente, almeno in Cina, si

appresta a coricarsi.

La volontà di concludere buoni affari unita alla curiosità di conoscere quella donna che sapeva cose su di lui, anche se non si erano mai incontrati, lo indusse ad accettare giorno, orario e luogo dell'incontro. Comunque, pensò il bretone, orario e luogo erano come minimo singolari. Pronto di spirito Marcel decise di stare al gioco e metterci un po' d'ironia.

«Incredibile - disse il bretone - è proprio questo il luogo e l'orario che pensavo di proporle. Pure io sono convinto che le 23:00 e il bar del Ritz siano l'ora e il luogo migliore per un incontro di affari».

«Bravo, Marcel, tosto e ironico, sono sicura che ci capiremo».

«Come la riconosco, Miss Eliane?».

«Non si preoccupi, la riconoscerò io».

Ti pareva, pensò Marcel.

«Un'ultima richiesta - disse il bretone, sempre più incuriosito - mi mandi per favore per fax o per mail tutto quello che ritiene importante riguardo al trasporto da organizzare in modo che io possa farmi un'idea e presentarle una proposta il giorno, o meglio, la sera dell'incontro».

«Bene, è stato un piacere parlare con lei - disse la donna - credo che ci intenderemo alla perfezione. A domenica dunque».

Tempo qualche minuto e sul computer di Marcel, all'indirizzo personale e conosciuto solo da pochi intimi, arrivò una mail con il riassunto di quanto si erano detti al telefono. Quella donna ci sa fare, ipotizzò Marcel. Sarà facile fare affari con lei. Poi pensò alla conversazione telefonica e soprattutto ai due dettagli riguardo al suo indirizzo a Pechino e alla sua motocicletta. Curioso com'era, il bretone non vedeva l'ora di incontrare quella sua nuova cliente.

Pechino, le 22:50 di domenica 26 ottobre 2014

Marcel raggiunse il bar dell'Hotel Ritz nel quartiere di *Dawanglu*. Alle 23:00 in punto Eliane Merz entrò nel locale e si diresse senza indugio verso il bretone che era seduto al bar a chiacchierare con il barista. Come diceva Ami Li, Marcel parlava con tutti, anche con i sassi.

«Buona sera, Marcel, cosa ne dice se ci sediamo a quel tavolino d'angolo in modo da poter discutere indisturbati?».

«Vedo che mi ha riconosciuto» - disse Marcel.

«Aveva dubbi?».

«Non proprio... soddisfatta?».

«Niente da dire... ne ero sicura - disse la donna sorridendo - le assicuro che dal vivo lei è ancora meglio».

Il bretone pensò a un aggettivo per descriverla. Gli venne subito in mente qualche cosa del tipo affascinante, coinvolgente, seducente. Alta, fisico tonico, colorito leggermente bronzeo, occhi grandi e neri con un tocco di antracite nell'occhio destro. Capelli nerissimi e leggermente ondulati. Un sorriso intrigante. Poteva avere tra i quaranta e i quarantacinque anni. Seduti al tavolo nell'elegante e discreto bar dell'Hotel Ritz la donna e Marcel ribadirono i dettagli dell'operazione. In particolare le date e gli indirizzi precisi dove le merci avrebbero dovuto essere prese in consegna per essere dapprima trasportate, una parte a Marsiglia e l'altra a Le Havre e, in seguito, caricate su di un container in direzione della Cina. Si scambiarono i numeri di telefono delle persone di riferimento nella regione nel caso dovessero sorgere problemi.

«Vorrei che le merci in Francia venissero ritirate a due giorni di distanza l'uno dall'altro. Vicino a Aix-en-Provence il mercoledì 12 novembre e a Epinac, non lontano da Saint-Malo, il pomeriggio di venerdì 14 novembre. Il trasporto via mare dovrà avvenire il più presto possibile».

«Non è un problema».

«In ognuno dei due punti di raccolta - proseguì Eliane – ci saranno sei persone incaricate di seguire le casse fino ai rispettivi porti. Vale a dire Marsiglia e Le Havre. Gli autisti dei Tir dovranno essere avvisati affinché li lascino salire sui loro mezzi. Mi raccomando, questo è un dettaglio importante».

A Marcel questo dettaglio sembrò un po' strano. Sei persone sui due Tir, dodici in tutto, per accompagnare le casse di mobilio antico? Ma non disse nulla, anche perché questo aspetto appariva imperativo per la donna. D'altra parte chi paga ha il diritto di decidere le modalità che desidera. Poi Marcel e Eliane definirono gli altri dettagli del trasporto e, come logica vuole, apposero la firma su di un contratto.

«I miei uomini in Francia - disse Eliane - sono incaricati di imballare la merce in apposite casse che le verranno consegnate sigillate. I mobili antichi sono una merce preziosa e facile da rovinare. Mi raccomando, comunichi ai suoi uomini di fare molta attenzione quando caricheranno le casse sui Tir e poi nel container. A proposito del contenuto, sarebbe opportuno che il minor numero di persone ci metta il naso. Vediamo di evitare che quelli delle dogane si interessino troppo al loro contenuto. So che ai francesi non piace l'idea che stranieri facciano incetta dei loro tesori culturali».

Marcel rimase un po' perplesso per via dei dettagli sollevati dalla donna riguardo alle casse a al loro contenuto. Dettagli non proprio necessari.

«Per quanto riguarda i documenti?» chiese Marcel.

«Per il pagamento dei mobili, come le ho accennato nella mail, non è necessario ricorrere a lettere di credito, assicurazioni o altro perché quanto si trova nelle casse è di mia proprietà. Dunque lasciamo fuori banche e assicurazioni da questo trasporto. Meno gente è coinvolta, meno costa e meglio è».

La donna sapeva esattamente quello che voleva. I suoi ragionamenti sulle modalità del trasporto navale e su gomma, unitamente alle questioni finanziarie e amministrative, non facevano una grinza.

«Posso chiederle come mai ha scelto la mia società per questo trasporto?».

«Certamente, è molto semplice. Chi meglio di un francese DOC, nativo della Bretagna, potrebbe svolgere questo lavoro che prevalentemente avviene nel Nord della Francia? Il suo nome e il nome della sua società sono usciti in testa alla lista su Internet sotto la voce spedizionieri navali tra Francia e Cina».

Definite le formalità e versato via etere un congruo acconto, Marcel e Eliane rimasero ancora fino a tardi al bar del Ritz. La discussione sul trasporto dei mobili antichi gli aveva permesso di capire quanto la donna forse informata e determinata. Nel suo mestiere le donne erano raramente presenti, anche se negli ultimi tempi aveva notato che l'elemento femminile si stava facendo largo anche nelle grandi aziende internazionali di trasporto. Marcel avrebbe voluto approfondire aspetti più personali ma c'era qualche cosa che lo tratteneva dal farlo. Forse perché la donna era maggiore di lui, forse per la forte personalità di lei che lo metteva in leggera soggezione. Visto che la donna non sembrava avere fretta di concludere la discussione, Marcel pensò che un po' di social poteva anche essere accettato.

«Dai suoi documenti risulta che lei è cittadina libanese, il suo cognome è inglese, il suo aspetto è un interessante mix tra arabo e asiatico, risiede a Hong Kong, viene spesso in Cina, in particolare a Pechino e sembra avere un'incredibile dimestichezza per un lavoro che normalmente è svolto da uomini».

«Esatto, caro Marcel. Qual è la domanda?».

«Non c'è nessuna domanda. Il fatto è che io sto cercando di capire con chi sto parlando, mentre lei sembra aver fatto un'inchiesta preventiva su di me».

«Le ha dato fastidio la mia piccola inchiesta?».

«Affatto, Eliane, anzi».

«Vediamo se ora indovino ancora una volta. Sono convinta che tu sia sposato o fidanzato, probabilmente con una ragazza cinese un po' più giovane di te?».

La donna era passata al "tu" con molta disinvoltura. Marcel fece lo stesso.

«Azzeccato ancora una volta. Sono effettivamente fidanzato con una giovane cinese, intelligente e bella».

«Bravo, Marcel. Come donna mi fa molto piacere che l'aggettivo intelligente figuri in cima alla tua lista».

«Il mio intuito - disse Marcel - mi dice invece che tu hai alle spalle un matrimonio, che hai figli meravigliosi e che il tuo attuale compagno è un uomo molto fortunato».

L'affermazione di Marcel fece piacere ad Eliane, anche se un accenno di tristezza si accese nei suoi grandi occhi neri.

«Quasi tutto giusto, caro Marcel, salvo qualche dettaglio non trascurabile».

Tra una chiacchiera e l'altra fecero le due del mattino.

Eliane disse che era venuto il momento di accomiatarsi. Si salutarono con una stretta di mano a mo' di celebrazione di un rapporto di lavoro e, come si dice a Casablanca, di *una futura amicizia*. Lui tornò nel suo appartamento che non era molto lontano dal Ritz. Lei si ritirò nella suite al dodicesimo piano del grande albergo. Giunta in camera, annotò sul suo portatile gli elementi chiave della discussione avuta con Marcel.

TRE

Urumqi, capitale dello Xinjiang, martedì 28 ottobre 2014
La donna di nome Abigail atterrò alle 13:45 all'aeroporto di Urumqi, capitale dello Xinjiang, in provenienza da Pechino. All'uscita, nel corridoio interno dell'aeroporto, dopo il ritiro dei bagagli e del passaggio al controllo doganale, un uomo la attendeva. I due si conoscevano. Lui le prese la valigia e insieme si avviarono all'uscita. Un autista in piedi vicino a una grande auto nera li stava aspettando. Partirono in direzione del centro città.

Sulla strada dovettero fermarsi alcune volte a causa dei diversi posti di blocco. Lo Xinjiang era ormai da più di un anno presidiato dall'esercito cinese. Per gli occupanti dell'automobile non ci furono soverchi problemi. L'autista era in possesso di un lasciapassare e i militari cinesi nei tre posti di blocco non chiesero loro nemmeno i passaporti. L'auto si fermò al Wanda Vista Hotel, in centro città. Lei salutò l'accompagnatore e l'autista, si registrò alla reception dell'albergo e salì in camera. Fece diverse telefonate a Hong Kong, Pechino e Parigi. Particolarmente lunga fu quella in Francia. Dopo la cena si ritirò e studiò con cura l'incontro previsto per giovedì 30 ottobre con Ugul, una ragazza uigura.

Mercoledì mattina, l'automobile nera l'attendeva all'ingresso dell'albergo. Partirono in direzione della zona dei consolati. Dopo circa un'ora l'autista si fermò e la donna entrò in un imponente stabile grigio di recente costruzione. Salì le scale fino al secondo piano ed entrò in un ufficio anonimo ma ben attrezzato di sofisticati sistemi di sicurezza. La donna ebbe una lunga riunione con un gruppo di cinque persone. Poi rientrò in hotel. Giovedì mattina lasciò di nuovo l'albergo, questa volta prese un taxi anonimo e si diresse verso la periferia di Urumqi. Lei conosceva molto bene la città, tanto che consigliò al tassista di prendere un itinerario diverso da quello da lui ipotizzato. Il passaporto libanese e la residenza a Hong Kong, più che allarmare, avevano incuriosito i militari che l'avevano fermata sull'autostrada nei diversi posti di blocco. Con un po' di perdita di tempo ma senza grandi problemi, giunse al luogo dell'appuntamento con la ragazza uigura di nome Ugul.

Abigail e Ugul si conoscevano bene. S'incontrarono nella casa che chiamavano pomposamente la loro *Safe House*. L'avevano trovata e attrezzata a puntino nel dicembre del 2013 dopo che Abigail aveva iniziato a insegnare come *visiting professor* presso l'Università di Urumqi dove Ugul era diventata sua allieva. La *Safe House* improvvisata era di fatto un appartamento al piano terreno di uno stabile anonimo. Era provvista di diverse uscite di sicurezza che in caso di pericolo potevano servire da vie di fuga. Si abbracciarono calorosamente.

«Mamma mia, Ugul, quanti ricordi quando torno a Urumqi. Mi sembri in ottima forma. Come stanno i tuoi genitori?».

«Stanno bene. Come hai potuto constatare qui a Urumqi, ma ormai in tutto lo Xinjiang, appena fai un passo fuori casa sei sottoposta a controlli d'identità. Non capisco come tu possa muoverti con tanta tranquillità».

«Insomma, tranquilla non proprio. Ho dovuto mostrare tre o quattro volte il mio passaporto, spiegare dove alloggio e dire dove mi sarei recata nei giorni di permanenza nello Xinjiang. Credo che girare su di un'automobile piuttosto costosa, rigorosamente nera e fornita di autista, oltre che aver scelto l'albergo più caro di Urumqi, sia stata una mossa convincente. Ma, Ugul, sono molto preoccupata per te. Avresti dovuto lasciare Urumqi già da molto tempo. Qui sei in continuo pericolo. La cazzata di aver mostrato il volto a Lukqun rischia di crearti parecchi guai. Sicuramente il tuo nome è ormai finito in testa alla lista dei terroristi da eliminare».

A causa degli asfissianti controlli in città Ugul non poteva prendere rischi. Sapeva, o meglio immaginava, che qualcuno l'avesse fotografata mentre fuggiva dal luogo dell'attentato al posto di polizia di Lukqun. Quel gesto di sfida di sfilarsi il cappuccio che le nascondeva il volto poteva costarle caro. Le due amiche presero il tempo necessario per esaminare ancora una volta i passi da compiere nelle settimane seguenti. Entrambe concordavano sul fatto che Ugul doveva assolutamente lasciare al più presto la Cina.

«A proposito - chiese Abigail - quanti sono i tuoi amici che dopo l'attentato hanno lasciato la Cina?».

«Sono dieci e sono in Francia da qualche giorno. Ho ordinato loro di starsene appartati il più possibile».

«Hai fatto molto bene. Sono fidati?».

«Non ti preoccupare, Abigail, come sai erano con me a Kunming e a Lukqun. Ti ricorderai che i due attentati hanno fatto molto scalpore».

«Molto bene, cosa conteneva la busta che ti è stata consegnata dall'anziano?».

«Ci sono nomi di luoghi e persone».

«Va bene così, non dirmi altro».

«Riguardo all'anziano - disse ancora Ugul - ho saputo che lo devo ancora incontrare. Me l'hanno fatto sapere due suoi alunni cinesi».

«Quando pensi di partire per la Francia?» - chiese Abigail.

«Fra due settimane. Dovrebbe essere sufficiente per affinare gli ultimi dettagli».

«Prima lasci lo Xinjiang e la Cina meglio è».

«Ne sono consapevole... togliermi il passamontagna è stata una vera cazzata. Ora me ne pento».

«Partirai con un volo da Urumqi?».

«No, è troppo pericoloso. Ho già preso contatto con la nostra cellula in Kirghizistan. Ho trovato un camionista, un nostro amico, che ha accettato di accompagnarmi con discrezione in Kirghizistan attraverso il passo di Torugart. Quella strada è percorsa da migliaia di Tir al giorno carichi di prodotti cinesi da vendere in Kazakistan. Il grande traffico fa sì che i controlli alla frontiera non siano troppo stretti. A Bishkek sarò ospite di amici fidati. Da lì prenderò un volo per Istanbul e poi un altro volo per la Francia. La parte più difficile è uscire dalla Cina. Per entrare in Francia sarò in possesso di una lettera d'invito di un amico francese».

«Accidenti, un bel giro e ben organizzato. Non avrei potuto proporti di meglio».

«Ma c'è di più - disse Ugul - se tutto funziona bene, potrebbe essere questo l'itinerario per tornare a colpire in Cina. A questo proposito, c'è chi ci ha proposto un'alternativa, questa volta via mare. Sarà da valutare».

«Una volta in Francia come pensi di muoverti?».

«Incontrerò gli amici uiguri a Parigi. Con molta probabilità ci trasferiremo in seguito nel nord della Francia. Se ho capito bene loro ipotizzano di trasferirsi in Bretagna e più precisamente a Saint-Malo».

«Per quanto riguarda Saint-Malo - disse Abigail dopo un momento di riflessione - ti consiglio di non alloggiare in città. Vedi di trovare un posto vicino, per esempio la cittadina di Dinar».

«Va bene, ne parlerò con loro».

Dopo aver affrontato le questioni più delicate Abigail e Ugul rivisitarono i momenti passati insieme da quando le due donne si erano incontrate all'università di Urumqi, la prima nei panni di docente e Ugul in quelli di allieva.

Due ruoli diversi, due età diverse, che poi si erano trasformati in amicizia e complicità nella lotta contro quella che Ugul dipingeva come la colonizzazione cinese dello Xinjiang. Abigail si muoveva in retrovia, mentre Ugul da alcuni mesi era attiva sul terreno. Le due amiche avevano subito legato, grazie in particolare alla donna che aveva preso sotto la sua ala protettiva la giovane uigura. Abigail aiutava finanziariamente Ugul ma il sostegno era anche psicologico. Entrambe erano vicine alla causa della lotta uigura contro l'imperialismo cinese. Abigail sapeva che Ugul non era una semplice simpatizzante del movimento per la secessione dello Xinjiang dalla Cina ma piuttosto un'attivista che nel recente passato aveva partecipato a sanguinosi attentati. Dopo avere esaminato nel dettaglio le mosse da intraprendere nelle settimane successive, le due donne decisero di passare qualche ora camminando nel parco non lontano dal luogo dove Ugul alloggiava quando era ad Urumqi.

«Bene, Ugul, mi sembra che ci siamo dette tutto. Nel frattempo fai molta attenzione. Ora torno a Hong Kong e tu tieniti in contatto stretto con i tuoi compagni in Francia. Dimenticavo, come sta il tuo fratellino, come va il suo soggiorno a Londra?».

«Mi ha detto che si trova bene con la famiglia presso la quale alloggia e che da qualche tempo ha conosciuto giovani uiguri che vivono nel quartiere musulmano della capitale. Ci sentiamo spesso ma con circospezione su Skype e WeChat e mi racconta delle persone che frequentano la scuola e degli amici che ha incontrato. Sta bene, ma ha voglia di ritornare per dare anche lui un aiuto concreto alla nostra causa. Quasi dimenticavo - disse ancora Ugul - cosa ne è del tuo racconto, anzi, il tuo, ma anche un po' mio, racconto?».

«Bene, sta andando bene. Anche se manca poco per inviarlo all'editore, mi toccherà attendere. Sarebbe troppo pericoloso pubblicarlo ora. Non dimenticare che tu sei il personaggio principale. Naturalmente con un altro nome, ma credo che sia comunque meglio aspettare».

Una delle motivazioni che avevano permesso ad Abigail di diventare, alla fine del 2013, *visiting professor* presso l'Università di Urumqi era l'intenzione, o meglio l'obbligo, di scrivere un testo sulle relazioni storiche tra la Cina e lo Xinjiang. In sede di presentazione della sua domanda di collaborazione aveva sottolineato come la sua ricerca avrebbe permesso di cancellare molti dei malintesi che si erano creati negli ultimi anni e che stavano portando lo Xinjiang e la Cina su di un pendio pericoloso. Il racconto storico consisteva pure in una parte romanzata ambientato tra lo Xinjiang e la Cina che aveva al centro proprio Ugul e la sua storia. Per il suo romanzo aveva attinto a piene mani da quanto Ugul le aveva raccontato della sua vita, delle sue esperienze e di come mai era giunta alla conclusione che la causa uigura avrebbe condizionato il suo futuro.

«Ugul, questo è l'inizio del racconto. C'è tanto di quello che mi hai raccontato di te con qualche mia aggiunta che ho ritenuto importante. Leggilo con calma e poi dimmi cosa ne pensi».

«Lo leggerò appena sarai partita, poi ti farò sapere».

«Mi raccomando, brucialo dopo averlo letto. Potrebbe essere compromettente per te, anche se ho messo unicamente le iniziali del tuo nome».

LA MIA GIOVANE AMICA UIGURA

Era domenica 5 luglio 2009 e sul lato della piazza centrale di Urumqi, capitale della Provincia autonoma dello Xinjiang, una ragazza uigura si era trovata nel mezzo degli scontri tra la polizia e diverse centinaia di giovani. I manifestanti, cittadini uiguri di fede musulmana ed etnia turcomanna, contestavano il governo della Provincia, succube di Pechino, per aver raso al suolo il centro storico e commerciale della città di Kashgar, nello Xinjiang meridionale, abitata fino a qualche anno prima quasi esclusivamente da cittadini di etnia uigura. Per volere di Pechino, giustificato con la necessità di procedere ai necessari risanamenti, in un paio di anni la città si era trasformata in una disordinata metropoli in cui la popolazione cinese di etnia Han aveva preso il sopravvento. Purtroppo capita spesso che la macchina politico-amministrativa del Governo centrale cinese si lasci andare in operazioni di questo tipo. Sorpresa dalla piega violenta che la protesta aveva preso quel giorno, la ragazza si accorse che tra i manifestati c'erano diversi suoi amici. Spaventata per quanto stava succedendo, ma eccitata per il desiderio cresciuto in lei di gettarsi nella mischia e portare aiuto a chi lottava contro il potere di Pechino, la ragazza corse verso il luogo degli scontri e, incurante del pericolo e delle conseguenze, si unì agli altri giovani gridando slogan contro il governo cinese e in favore della secessione. Nel corso di quella battaglia urbana vi furono diversi morti e molti feriti. Come spesso accade in queste occasioni, le versioni dei fatti erano diametralmente opposte a seconda della "colorazione" dei giornali. La polizia arrestò la ragazza insieme ad altri manifestanti. Lei tentò disperatamente di divincolarsi ma gli agenti, sorpresi da tanta violenza, l'ammanettarono e la portarono in centrale. Dopo gli interrogatori e la registrazione di rito venne liberata perché minorenne. Furono meno fortunati molti suoi amici. Pechino era intenzionata a smorzare sul nascere ogni velleità rivoluzionaria e, in particolare, secessionista. La ragazza, che allora aveva diciassette anni, per la prima volta aveva sperimentato sulla sua pelle i racconti dei suoi genitori sulle difficoltà della minoranza uigura. A complicare la situazione vi era l'aspetto religioso (gli uiguri sono di matrice islamica) che in questi momenti di tensione assumeva una colorazione radicale e secessionista. La rabbia accumulata dalla ragazza in quell'occasione non l'avrebbe più abbandonata. Da quel giorno incominciò la sua lotta personale in favore dell'indipendenza dello Xinjiang dalla tutela di Pechino.

QUATTRO

Marsiglia, le 22:30 di mercoledì 12 novembre 2014
«Pronto, polizia stradale, come posso aiutarla?».
«Buonasera, sono un dirigente dell'Asian Shipping di Marsiglia. La chiamo dalla sede qui al porto per segnalare la sparizione di un trasporto Tir partito nel pomeriggio di oggi da Aix-en-Provence. Lo attendavamo in serata, ma non è mai arrivato».
«Quando avete parlato l'ultima volta con l'autista del Tir?».
«Lo abbiamo sentito al momento della partenza da Aix. In seguito abbiamo tentato diverse volte di chiamarlo, ma purtroppo sia il telefono sul mezzo sia il cellulare dell'autista sono spenti. Abbiamo provato e riprovato, ma non ha mai risposto. Eppure i nostri autisti hanno l'obbligo di essere raggiungibili in qualsiasi momento, con qualsiasi mezzo e in qualsiasi luogo».
«Avete sentito gli ospedali di Marsiglia e dintorni?».
«Sì, abbiamo contattato i vari pronto soccorso degli ospedali della regione, ma nessuno ha segnalato il ricovero di persone coinvolte in incidenti stradali tra Aix e Marsiglia».
«Ha fatto bene a chiamarci, mando immediatamente una pattuglia per perlustrare il tragitto di autostrada tra le due città. In quel tratto sono diversi i posteggi per i grandi mezzi. Dimenticavo, mi può dire il colore del veicolo e il numero di targa?».
«Certamente, la cabina è blu scuro e la targa è Marsiglia DT 2340 FC».
La distanza tra Aix e Marsiglia è poca cosa, circa una

quarantina di chilometri. La polizia iniziò subito le ricerche. Dopo un'ora un autotreno che corrispondeva alla descrizione fatta dal dirigente dell'Asian Shipping venne individuato fermo, in una zona un po' discosta, in una delle piazze di sosta tra le due città. Gli inquirenti partirono immediatamente verso il luogo del ritrovamento.

Giunti sul posto, agli agenti di polizia si presentò una scena raccapricciante. Qualche cosa di mai visto. Nella cabina dell'automezzo, sui sedili anteriori e nel largo spazio dietro i sedili, utilizzato dai camionisti a mo' di cuccetta, vi erano sei uomini morti. Uccisi con molta probabilità con un fucile mitragliatore.

«Una carneficina, una macabra esecuzione, un lavoro fatto da qualcuno che non voleva rischiare nulla» - riferì uno dei poliziotti della stradale al responsabile delle indagini giunto sul posto qualche minuto dopo.

Nel rapporto redatto dagli inquirenti figurava che le persone uccise erano un ragazzo francese di origine araba domiciliato a Marsiglia e cinque giovani, in seguito, individuati come cinesi della provincia dello Xinjiang nel Nord-Ovest della Cina. Tutte e sei le vittime si trovavano all'interno della cabina di guida. Dell'autista del Tir, per il momento, non vi era nessuna traccia.

Mentre il responsabile delle indagini e il medico legale, appena giunto sul posto, esaminavano i corpi, sul luogo della strage erano giunti anche i tecnici del Servizio identificazioni e ricerche della polizia.

Il loro compito consisteva nel verificare i dettagli di quanto successo nell'autoveicolo. Si misero subito al lavoro esaminando sia i bossoli dei proiettili che avevano ucciso i sei giovani, sia il GPS e la scatola nera dell'automezzo.

Riguardo al carico, la sorpresa fu grande anche per uomini avvezzi alle cose più strane. Nel container da quarantadue tonnellate vi erano infatti quattro grandi casse contenenti nientedimeno che armi leggere (mitragliatrici, fucili e pistole), una grande quantità di granate a mano, munizioni, come pure prodotti chimici che avrebbero potuto servire a confezionare materiale esplosivo.

Immediatamente ricontattato dalla polizia, il dirigente della società di spedizione spiegò che il Tir si era inizialmente recato a un indirizzo nei pressi di Aix-en-Provence a ritirare della merce. Da quanto figurava sul documento di carico, doveva trattarsi di mobilio antico recuperato nelle vecchie case signorili. L'autista aveva ricevuto l'incarico di mettere le casse sul Tir, trasportarle al porto di Marsiglia dove, a tempo debito, sarebbero state caricate su di una nave in partenza per la Cina, più precisamente in direzione del porto di Tianjin, non lontano da Pechino.

Le sorprese erano appena iniziate: la persona che avrebbe potuto dare spiegazioni sull'accaduto, vale a dire l'autista dell'automezzo, oltre a non essere tra i morti, sembrava essersi volatilizzato, forse fuggito perché esecutore della mattanza. I poliziotti trovarono poi la patente dell'uomo nello scaffale del cruscotto, unitamente al borsello contenete soldi e carta di identità.

«Molto strano - disse il responsabile degli inquirenti - nessuno fugge lasciando sul posto soldi e documenti. In questa faccenda non tutto quadra, anzi non quadra proprio niente».

Poi il colpo di scena: la polizia, grazie alla segnalazione di un automobilista, trovò a una cinquantina di metri dal Tir l'autista dell'automezzo legato e imbavagliato. Quando uno dei poliziotti gli raccontò del ritrovamento dei sei giovani assassinati all'interno del suo mezzo, l'uomo ebbe un malore. Spaventato a morte per quanto accaduto, non riusciva a capacitarsi che i giovani che viaggiavano con lui fossero stati così brutalmente ammazzati. I poliziotti gli riferirono del carico di armi, ma l'uomo era talmente sconvolto che nemmeno capì di cosa stessero parlando. Dopo essersi ripreso raccontò a fatica quanto era successo.

«Appena partito da Aix ho ricevuto l'ordine di fermarmi al posteggio dell'autostrada. Proprio qui dove siamo ora. Maledetto il giorno in cui ho accettato questo incarico. Mi hanno detto che ad Aix si erano dimenticati di darmi i documenti di carico che avrei dovuto consegnare ai responsabili della Asian Shipping, i quali, a loro volta, li avrebbero fatti avere *brevi manu* al capitano del cargo al porto di Marsiglia. Mi hanno pure segnalato che una persona mi avrebbe raggiunto in auto e, al posteggio, mi avrebbe consegnato i documenti dimenticati».

L'uomo era in affanno. L'aggressione subita e il fatto di essere rimasto legato e imbavagliato per ore aveva lasciato il segno. Il poliziotto che lo interrogava non intendeva mollare la presa.

«Poi cos'è successo?».

«Quando sono entrato nell'area di servizio ho notato un'automobile nera di grossa cilindrata posteggiata nel reparto riservato agli autotreni. Pensavo fossero le persone incaricate di consegnarmi la polizza di carico».

«Quante persone c'erano nell'automobile?».

«All'esterno vi erano due uomini vestiti di nero. Erano appoggiati alla portiera».

«Portavano maschere per coprire il volto?».

«No, erano a volto scoperto».

«Potrebbe descrivere quei due individui?».

«Molto alti, un po' neri o forse abbronzati, muscolosi, occhi neri e uno sguardo da far paura».

«E all'interno della vettura?».

«Non ricordo bene, ma sui sedili posteriori, mi sembra di aver visto dall'alto della mia cabina due persone».

«Ce le potrebbe descrivere?».

«Non saprei... mi sembra... ma non ne sono sicuro, che uno avesse i capelli lunghi, ma forse mi sbaglio. Non ho potuto vederli bene perché i vetri erano semi chiusi e oscurati. Sono invece quasi sicuro che quella era la stessa vettura che mi ha seguito nel primo tratto di strada appena entrati in autostrada ad Aix».

L'autista, stremato e spaventato, smise di parlare e chiese dell'acqua. Lo lasciarono tranquillo. L'obbligo di ricordare quanto avvenuto lo aveva messo in agitazione. Dopo una quindicina di minuti l'uomo sembrava più calmo e in grado di rispondere a nuove domande.

«Poi quegli uomini cosa hanno fatto?».

«Uno dei due energumeni appoggiati alla macchina si è avvicinato al mio mezzo. Me lo aspettavo e non mi sono allarmato, perché, come ho detto prima, ero convinto che si trattasse delle persone che dovevano consegnarmi i documenti dimenticati. Ma poi tutto è andato molto in fretta. Ho aperto la portiera e sono sceso per parlare con loro. Uno dei due mi ha puntato la pistola alla tempia, mi ha buttato a terra e poi i due mi hanno imbavagliato e trascinato nel bosco dove mi avete trovato. Appena nel bosco ho sentito un fortissimo dolore alla testa e poi più nulla».

«Ha notato qualche cosa di particolare, di insolito, di curioso prima di essere portato nel bosco?».

«Ho solo intravisto, mentre mi trascinavano lontano, che altri due uomini con le armi in pugno si sono avvicinati al Tir. È tutto quello che ho visto... tutto quello che ricordo. Non so nulla di più».

«Come si sono comportati durante il viaggio i sei giovani?».

«Bene, non mi hanno dato nessun problema, erano silenziosi, non fumavano né bevevano. Ricordo che mi erano sembrati un po' tesi, questo sì. Ho chiesto da dove venissero e il giovane che parlava francese ha detto che era di Marsiglia».

«Chi ha deciso che i giovani sarebbero dovuti venire con lei nel suo Tir?».

«Era scritto nel foglio d'ordine che avevo ricevuto dalla centrale della società di spedizioni. Per la verità non mi sono posto questa domanda e, dall'atteggiamento dei giovani, mi era sembrato che tutto fosse per loro molto chiaro».

«Ad Aix, dove le casse sono state caricate sul suo Tir, vi erano altre persone oltre ai sei giovani?».

«No, non ho visto nessuno al di fuori di loro. Il luogo di carico era un agriturismo, di quelli di lusso, le casse erano appena all'interno del parco della struttura e i giovani erano in quel momento soli».

«Non ha notato nulla di strano, qualche cosa di non chiaro rispetto alle altre volte in cui le è capitato di caricare della merce?».

«No, credo di no, tutto mi sembrava normale. Anzi, ora che ci penso, mentre sono arrivato sul luogo di carico, una persona si stava allontanando verso la grande villa al centro della tenuta. Non so, poteva essere il proprietario del posto. Di più non le so dire».

Dopo circa due ore dal ritrovamento del Tir, terminato il sopraluogo con le constatazioni del caso, i cadaveri dei sei giovani vennero portati in un reparto speciale di uno degli ospedali di Marsiglia, in attesa dell'autopsia. L'autista venne fatto salire su una delle auto degli inquirenti e accompagnato alla centrale di polizia. Per il momento l'automezzo sarebbe rimasto nel grande parcheggio controllato dai poliziotti.

Dopo la firma del verbale l'autista, esausto per quanto successo, venne portato all'ospedale più vicino dove sarebbe stato visitato da un medico e dove avrebbe trascorso la notte sotto sorveglianza medica e della polizia. L'uomo poteva essere nello stesso tempo un pericolo e in pericolo. Dunque era meglio, almeno al momento, tenerlo prima in ospedale e poi portarlo in cella.

Tanti morti, tante armi, tante stranezze, tante domande e poche risposte. Il giorno dopo il capo della polizia stradale intervenuta sul posto della strage, vista la presenza di persone straniere, chiamò la Centrale di Parigi e chiese ragguagli e rinforzi per portare a termine l'indagine.

A sorpresa, Parigi gli impose di abbandonare tutto in attesa dell'arrivo degli inquirenti dalla Capitale. Lui aveva chiesto un rinforzo e loro gli avevano levato l'inchiesta. La cosa gli sembrò strana. Ma non era finita, invece della Polizia di Parigi si presentarono a Marsiglia gli uomini dei Servizi segreti francesi.

CINQUE

Saint-Malo, Bretagna, sabato 15 novembre 2014
La strage dei giovani a Marsiglia non fu una triste prerogativa della Provenza. Due giorni dopo, sabato 15 novembre a Saint-Malo in Bretagna, successe un fatto analogo. Sei giovani vennero uccisi con colpi di arma da fuoco in un appartamento nel centro della cittadina. La polizia locale venne chiamata sul luogo della strage la domenica mattina 16 novembre dall'affittuario dell'appartamento. A distanza di mille chilometri entrambi i casi stavano rendendo difficile la vita degli inquirenti.

Come in una tragica fotocopia anche a Saint-Malo i morti erano sei, uno con passaporto francese ma di origine nordafricana, gli altri cinque potevano essere di origine greca o turca ma, cosa che incuriosì i poliziotti, erano in possesso di passaporti cinesi. Anche in questo caso gli inquirenti avrebbero poi scoperto che si trattava di cinque cittadini della Provincia cinese dello Xinjiang di etnia turcomanna.

Durante la perquisizione dell'appartamento in cui era avvenuto il delitto la polizia trovò in un armadio cinque pistole di piccolo calibro.

Questa volta la modalità dell'esecuzione apparve diversa rispetto a quanto successo a Marsiglia: tutti e sei i giovani erano stati colpiti alla testa, chi alla nuca, chi in mezzo alla fronte. Gli assassini dovevano essere due o forse tre e, da quello che se ne poté dedurre, non avevano dato nessuna possibilità di reazione alle vittime.

Dalle ferite sui corpi gli inquirenti ipotizzarono che gli

assassini avevano sparato da distanza molto ravvicinata. La scena che si era presentata ai poliziotti accorsi dopo la chiamata del giovane francese che – si seppe in seguito - aveva prestato ai ragazzi l'appartamento, era surreale.

C'era poco sangue, malgrado la mattanza e i corpi dei giovani, intatti e composti, erano seduti attorno al tavolo della sala da pranzo. Due avevano la testa china sul tavolo, quattro erano appoggiati allo schienale delle sedie, le braccia lungo il corpo e la testa reclinata all'indietro.

«Gli assassini - riferì il medico legale - sono probabilmente entrati forzando la porta, si sono avvicinati al tavolo dove i giovani erano seduti e hanno colpito con rapidità, freddezza e precisione alla fronte i primi quattro ragazzi seduti al tavolo. Poi, senza dar loro il tempo di reagire, hanno freddato con un colpo alla nuca gli altri due che voltavano loro le spalle. Dalla posizione dei loro corpi e visto il poco sangue - proseguì il medico - è evidente che l'assassino o gli assassini li hanno sorpresi seduti a tavola intenti a mangiare e dunque impreparati a rispondere al fuoco».

Lo disse a bassa voce, in segno di rispetto per le vittime, all'uomo in borghese che doveva essere il capo della schiera di poliziotti giunti sul luogo del delitto.

«È chiaro - commentò il poliziotto - che si tratta di un lavoro compiuto da professionisti. Hanno agito in fretta e senza pietà. Hanno utilizzato armi automatiche provviste di silenziatore e, almeno apparentemente, non hanno lasciato nessuna traccia. Sarà da chiarire se le vittime conoscevano i loro aggressori».

Il luogo dell'esecuzione era la cittadina fortificata di Saint-Malo in Bretagna, nota per i corsari guidati dal leggendario Robert Surcouf, specializzati negli arrembaggi alle navi inglesi cariche di merce di ritorno dai nuovi territori.

Saint-Malo, da diversi decenni ormai, era diventata meta

di turisti da tutto il mondo anche per la vicinanza a veri e propri gioielli come il Mont Saint-Michel e le bellissime cittadine di Dinar e Dinan. Senza contare le coste selvagge affacciate sul mare dirimpetto all'Inghilterra e le rinomate ostriche e altri frutti di mare che quel mare regalava. Per quei giovani Saint-Malo era invece diventato il capolinea delle loro vite.

La polizia convocò il proprietario dell'appartamento di Saint-Malo, luogo della strage.

«Lei ha conosciuto i giovani che hanno preso possesso del suo appartamento, li ha visti arrivare?».

«No, non li ho visti arrivare, ma sono stato informato da Didier, il quale mi ha chiesto il permesso di alloggiarli qui per qualche giorno. Mi ha detto che di loro si fidava e io ho dato il benestare».

«Stop…scusi, ma chi è questo Didier, lo conosce bene, di lui si fida?».

«Sì, è il giovane al quale ho affittato l'appartamento. È un bravo ragazzo ed è anche un mio lontano parente. Di lui mi fido ciecamente».

L'orario dell'esecuzione venne stabilito attorno alle otto di sera. Era sabato e, mentre i molti turisti sostavano chiassosi nei ristoranti vicino all'entrata delle mura della cittadina, i sei giovani consumavano il loro ultimo pasto all'interno dell'appartamento. Fuori nessuno si era accorto della sparatoria, segno che le armi utilizzate erano munite di silenziatori. Aspetto questo che rafforzava l'ipotesi che gli assassini fossero dei professionisti.

Il mattino seguente nelle stradine della città gli abitanti del posto e i turisti si godevano il primo sole tiepido della giornata seduti nei tipici ristoranti gustando caffè e brioche. Il ragazzo francese, di nome Didier, che aveva prestato l'appartamento agli sfortunati giovani, venne condotto alla stazione di polizia per essere di nuovo interrogato. Era spaventato, preoccupato e non riusciva a capacitarsi dell'accaduto. Il funzionario iniziò l'interrogatorio a muso duro.

«Perché prima li hai ospitati nel tuo appartamento e poi li hai uccisi?».

Il giovane, preso alla sprovvista, sbiancò di colpo.

«Ma noo...ve lo giuro che non ho nulla a che fare con tutta questa storia... io non c'entro per niente con l'uccisione dei ragazzi».

«Dove li hai conosciuti?».

«Li ho incontrati quattro giorni fa vicino al grande acquario e abbiamo subito fatto amicizia. Mi dissero che erano in vacanza e cercavano un posto per stare qualche giorno in modo da poter visitare la regione. Erano tranquilli e rispettosi e sembravano molto ben affiatati tra loro anche se si vedeva che provenivano da luoghi diversi».

Poi si fermò, ebbe paura di essere stato trascinato in un gioco più grande di lui.

«Dov'eri sabato sera mentre i giovani erano tutti nel tuo appartamento?».

«Ero con mia mamma che vive da sola a una ventina di chilometri da Saint-Malo. Il fine settimana le faccio spesso compagnia».

«Come li hai conosciuti?».

«Ve l'ho detto, li ho incontrati quattro giorni fa vicino all'acquario cittadino, hanno detto di essere studenti. Si erano incontrati a Parigi e avevano deciso di passare insieme una decina di giorni di vacanza al Nord».

«L'appartamento è di tua proprietà?».

«No, sono in affitto, ma prima di prestare l'appartamento ho chiesto il permesso al mio padrone di casa e lui non ha fatto obiezioni. Lo conosco bene, siamo parenti alla lontana, lui è...».

«Va bene, questo lo sappiamo - lo interruppe il poliziotto - andiamo avanti. Avete passato del tempo insieme, cosa avete fatto dopo che vi siete incontrati?».

«Ci siamo visti quattro giorni fa in serata. Era mercoledì scorso. Poi venerdì sera li ho portati a mangiare le ostriche a Cancale. Sembravano molto contenti e riconoscenti. Non immaginavo che potesse accadere una cosa del genere».

Lo sperimentato poliziotto in borghese ipotizzò che il giovane si fosse trovato nel posto sbagliato al momento sbagliato con persone sbagliate. Era probabile che il giovane stesse raccontando la verità. Non si uccidono nel proprio appartamento sei persone alle quali si è offerto alloggio per una settimana. Ma queste sensazioni le tenne per sé. Non voleva abbassare la tensione.

«Di cosa avete parlato durante la cena a Cancale?».

«Diciamo subito che io ho parlato solo con il giovane francese perché i ragazzi cinesi non parlavano una parola della nostra lingua. Anzi, per la verità, ora ricordo che qualche parola l'ho scambiata anche con uno dei cinesi che parlava un po' di inglese. Durante la cena ho chiesto cosa avevano visto a Parigi e cosa li aveva più sorpresi».

«Ti hanno detto se a Parigi hanno avuto contatti con altri giovani dello Xinjiang?».

«No, mi hanno raccontato le solite cose di chi visita Parigi per la prima volta. Che ne so, la Tour Eiffel, il Louvre. Sembravano molto colpiti dal Centre Pompidou per la modernità del palazzo inserito tra gli antichi palazzi francesi. Mi hanno anche detto che avevano trovato Parigi, o meglio i palazzi di Parigi, piuttosto bianchi e grigi».

«Va bene, va bene, lasciamo stare i monumenti di Parigi... nient'altro, ne sei sicuro?».

«Per la verità nel corso della cena hanno parlato di un luogo, anzi di un cascinale, o qualche cosa di simile che si trova a circa venti chilometri da Saint-Malo. Li ho sentiti dire che l'indomani avrebbero dovuto mettere la merce in alcune casse. Così ha detto il giovane francese rivolgendosi al cinese che parlava uno stentato inglese».

«Che tipo di merce?».

«Non lo so».

«Dove avrebbero portato le casse?».

«Questo proprio non lo so. Non mi interessava e non ho chiesto niente. Mi è sembrato di capire che fosse un'informazione che non volevano spartire con estranei. Poi uno dei cinesi ha ricevuto una telefonata».

La questione della merce sorprese il poliziotto che stava interrogando il giovane Didier. L'ispettore chiamò il patologo che stava effettuando l'autopsia dei giovani. La fortuna fu dalla sua parte. Nelle tasche dei pantaloni di uno dei giovani uiguri trovò le chiavi di quello che molto probabilmente doveva essere il ripostiglio in cui erano state depositate le casse da trasportare, unitamente a un biglietto con la scritta "Epinac", un villaggio a circa mezz'ora da Saint-Malo. Ma c'era di più: secondo le indicazioni trovate nelle tasche di uno dei ragazzi uiguri, il luogo designato per la consegna delle merci era un casolare situato all'interno di un boschetto appartenente a una fattoria con un grande *silos* di colore rosso scuro per lo stoccaggio di mangime per il bestiame. Grazie alle indicazioni non fu difficile trovare il casolare.

Con grande sorpresa i poliziotti giunti sul posto trovarono nelle casse imballate e pronte alla consegna un'ingente quantità di armi leggere, munizioni e materiale per la fabbricazione di bombe. Si trattava a questo punto di appostarsi e attendere coloro che sarebbero venuti a ritirare la merce.

L'attesa fu breve: un grande furgone si stava dirigendo verso il casolare. Non si trattava di un mezzo anonimo ma, al contrario, in bella mostra sul camion vi era la scritta della ditta di trasporto. Tre uomini scesero e, in tutta tranquillità, si guardarono attorno in attesa di chi avrebbe dovuto consegnare loro la merce. Nell'atteggiamento dei tre nulla lasciava trapelare fretta o tensione alcuna.

I poliziotti attesero per meglio capire cosa stesse succedendo. Dopo un paio di minuti, uno dei tre estrasse il cellulare e probabilmente chiese lumi alla sua centrale sul fatto che nessuno si era presentato all'appuntamento. A questo punto gli agenti intervennero. In un attimo il casolare venne circondato dai poliziotti. I tre, spaventati a morte, non opposero resistenza.

«Cosa siete venuti a fare in questo posto?».

«Siamo qui per prendere un carico di casse».

«Cosa contengono queste casse?».

«Mobili antichi, da quanto figura nel documento di carico. Le dobbiamo portare al porto di Le Havre e poi caricarle sulla nave che dovrebbe salpare per la Cina. Così almeno ci è stato detto».

«Chi vi ha incaricati del lavoro?».

«Lavoriamo per alcuni spedizionieri di Le Havre specializzati nel trasporto via mare».

«Dovevate incontrare qualcuno in questo posto?».

«Certo, dovevano esserci le persone incaricate di consegnaci la merce con le indicazioni per l'imbarco. Come sempre succede. Abbiamo ricevuto il compito di sigillare le casse senza occuparci del contenuto».

Il responsabile della società di spedizione di Le Havre disse in seguito alla polizia di avere ricevuto le indicazioni su come procedere da un francese titolare di una società di spedizione di Pechino.

«Tra l'altro - disse l'uomo - si tratta di un amico d'infanzia di nome Marcel Girard, che si è trasferito da qualche anno a Pechino e con il quale mi sento spesso».

Grazie alle indicazioni ricevute, la polizia di Saint-Malo riuscì in pochissimo tempo a trovare il nome della società di spedizione cinese che avrebbe dovuto prendere in mano il carico a Tianjin. I responsabili della polizia locale, come d'altra parte era stato per quelli di Marsiglia, decisero che la faccenda stava superando il limite delle loro competenze. Si trattava di uno scenario complicato che necessitava di un'inchiesta a livello nazionale. Decisero quindi di avvertire la centrale di Parigi. La risposta giunse tempestiva.

Un gruppo di funzionari di Parigi si recò immediatamente sul posto per prendere in mano la situazione. Ma non solo, unitamente a loro vennero chiamati i Servizi segreti francesi. Già interpellati per i fatti di Marsiglia, questi si trovarono confrontati con un *puzzle* decisamente complicato: tra i morti nei due casi vi era la strana presenza, oltre che di due cittadini francesi, anche quella di una decina di cittadini cinesi di etnia uigura. Inoltre, nei due casi vi erano armi da trasportare e non mobilio come figurava sulla lettera di carico e la destinazione finale della merce era in entrambi i casi il porto di Tianjin vicino a Pechino. Come già aveva detto ai poliziotti uno degli impiegati, responsabile del trasporto era la società di tale Marcel Girard, un francese che da qualche anno lavorava a Pechino.

Per gli inquirenti si trattava ora di comporre i pezzi del *puzzle* per capire la trama di quei tragici avvenimenti e scoprire chi fosse *il burattinaio* di tutta questa vicenda.

Parigi, domenica 16 novembre
«Ciao Abigail, sono Ugul. Dobbiamo vederci al più presto, qui è successo il finimondo. Hanno ucciso tutti i nostri amici, a Aix e a Saint-Malo».

«Mamma mia, che casino. Ugul, dove sei adesso?».

«Ho lasciato in tutta fretta la Bretagna e sono venuta a Parigi. Purtroppo ho perso l'indirizzo di alcuni amici che potevano ospitarmi. Ora non so dove andare».

«Maledizione, questa non ci voleva. Vedo subito cosa posso fare. Innanzitutto bisogna che tu trovi un posto dove nasconderti. C'è un piccolo albergo a Montparnasse... faccio una telefonata e vedo di prenotarti una camera. Così almeno avrai un posto dove andare. Vai appena puoi e cerca di non farti notare. Intanto mi organizzo per raggiungerti, poi ti comunico quando arrivo. Ciao, a prestissimo».

La donna si attivò immediatamente e chiamò un suo amico a Parigi, gerente dell'Hotel Saint Justin. Il momento era delicato. Tutto era andato come aveva previsto.

«Buongiorno Shimon, mi riconosci vero?».

«Certo».

«Ascoltami bene, vorrei prenotare una camera singola per una mia amica che arriverà oggi nel pomeriggio. Al suo arrivo farà il mio nome. La ragazza si chiama Ugul. Tieni aperta la prenotazione della camera per qualche giorno perché non so ancora precisamente per quanto tempo si fermerà. La fattura la regolerò io. Inutile dirti di non registrare niente. Riservami la camera 16, quella speciale. Riservami pure la stanza accanto, la 17 per domani. Mi raccomando, rimani tu oggi pomeriggio ed eventualmente domani alla reception».

«Nessun problema, sarà fatto, shalom aleichem».

«Aleichem shalom».

Parigi, lunedì 17 novembre 2014

Abigail arrivò a Parigi e si recò direttamente a Montparnasse a incontrare Ugul. All'entrata dell'albergo incontrò due uomini che la stavano aspettando per informarla sugli ultimi avvenimenti. Poi salì da Ugul nella camera numero

16. Bussò e disse il suo nome. Dopo un attimo Ugul aprì la porta. Le due donne si abbracciarono.

«Finalmente sei qui, Abigail. Mi sembrava d'impazzire. Maledetti, li hanno uccisi tutti».

«Ti capisco, sai per caso se qualcuno di loro avesse nemici tanto spietati in Francia?».

«Non credo proprio. Prima di partire per Saint-Malo hanno passato qualche giorno a Parigi. Ho visto dove abitavano e nei giorni che sono stata con loro mi sono sembrati guardinghi ma tranquilli. Almeno i miei amici uiguri. Del francese non posso dire niente. Potrebbe anche darsi che gli assassini mirassero al francese e gli altri siano stati un danno collaterale».

«C'erano francesi con loro? Come mai?».

«Onestamente non me lo sono chiesta. So di essere stata imprudente. Da come hanno preparato e attuato la carneficina - suggerì Ugul - di sicuro questa gente sapeva il fatto suo. Non erano persone qualsiasi».

«Sicuramente - disse Abigail - anche perché i tuoi amici non erano giovani qualsiasi. Probabilmente non hanno immaginato che qualche cosa del genere potesse succedere e dunque non erano preparati. Mi dispiace tanto per te, Ugul, perdere amici così deve essere terribile».

Ugul rimase in silenzio per qualche minuto. La donna le lesse in volto prima la tristezza e la disperazione per aver perso i suoi amici, poi improvvisamente i suoi occhi rivelarono la voglia di vendetta.

«Ti ho detto della giovane di Dinar?» - chiese Ugul.
«No, non mi hai detto nulla».
«È una giovane francese di nome Christine che ho conosciuto a Dinar».
«Cosa puoi dirmi di lei? Pensi che possa essere immischiata con chi ha ucciso i tuoi amici?».

«*Non lo so... non credo. Anzi lei mi ha aiutano quando ero a Dinar e mi ha anche presentato un suo amico dottore che mi ha medicato dopo l'incidente. Poi sono partita e non l'ho più vista*».
«*Quale incidente?*».
«*È stato un maledetto colpo di rimbalzo mentre stavo scappando dall'appartamento. Per fortuna non mi hanno vista e dunque non mi hanno inseguita. Arrivare in ritardo all'appuntamento mi ha salvato la vita*».
«*Ma allora sei ferita? Fammi vedere il braccio... quel dottore ti ha chiesto cosa ti era successo?*».
«*No, non mi ha chiesto nulla. Ho l'impressione che sia stato ben istruito da Christine*».
«*Sei sicura di poterti fidare di questa Christine e del suo amico medico?*».
«*Penso di sì, comunque da Dinar sono partita senza lasciare traccia, solo tu sai dove mi trovo ora*».

Dopo ulteriori spiegazioni di Ugul sull'incidente, su quella tale Christine e sul dottore che l'aveva curata, la donna comandò da mangiare in camera per tutte e due. Rimasero insieme fino a tarda sera. Poi Abigail disse che doveva partire per l'aeroporto perché aveva un volo notturno per Hong Kong.

«*Per il momento è meglio che tu rimanga a Parigi. Nel frattempo ti trovo una sistemazione*».

Salutò Ugul. Nel taxi che la stava portando all'aeroporto fece una telefonata alla reception dell'albergo di Montparnasse.

«*Ciao Shimon, sono ancora io. Registra per favore le telefonate in arrivo e in uscita dalla camera della ragazza uigura. Assicu-*

rati che il microfono in camera funzioni nel caso Ugul utilizzi il suo cellulare».

Rimasta da sola in camera Ugul ripensò alla visita di Abigail e a tutto quello che si erano dette. Era stravolta ma, malgrado il susseguirsi degli avvenimenti, era rimasta lucida. Qualcosa nell'atteggiamento della sua amica l'aveva un po' sorpresa. Come mai così poche domande sulla giovane francese appena conosciuta e soprattutto per l'aiuto della stessa Christine nel procurarle quel medico che l'aveva curata senza porre domande sulle cause della ferita da arma da fuoco? Conoscendo la donna, Ugul si sarebbe aspettata un interrogatorio in piena regola sui fatti che erano successi al di fuori della sua regia. Poi, spossata, si addormentò.

Abigail venne informata che Ugul in mattinata aveva lasciato l'albergo senza fornire spiegazioni su dove avesse intenzione di andare. Invece di chiedere alla reception di comandarle un taxi era partita in sordina. Probabilmente temeva di essere seguita.

SEI

Tianjin, lunedì 17 novembre 2014
Era una tipica giornata d'inizio inverno pechinese. Il freddo iniziava a farsi pungente. Con l'avvicinarsi dell'inverno il bretone si pentiva di non aver scelto di vivere e lavorare nel Sud della Cina. A Guangzhou o Shenzhen per esempio, o ancora meglio a Shanghai, dove l'autunno, ma anche l'inverno, erano molto più miti. Quando di tanto in tanto, per questioni di lavoro, Marcel si spostava da Pechino a Shanghai, aveva l'impressione di arrivare in un altro paese, in un'altra stagione.

Quel 17 novembre del 2014 il bretone giunse in ufficio verso le nove del mattino. Il cielo era di un blu brillante. I suoi amici cinesi gli raccontavano che una decina di anni prima il cielo di Pechino era caratterizzato da un persistente velo bianco. Poi, complice benevole anche l'organizzazione delle Olimpiadi estive del 2008 con la conseguente chiusura delle fabbriche nella provincia di Hebei che circonda Pechino, erano magicamente apparse le nuvole. Quelle tanto care a Marcel che rendono bello il cielo della sua Bretagna.

Anche quel giorno i suoi collaboratori lo aspettavano con caffè e brioche per l'abituale *meeting* mattutino. Marcel aveva mantenuto questo rito europeo della colazione, abitudine molto apprezzata anche dai suoi collaboratori cinesi.

L'incaricato dei trasporti via nave in provenienza dall'Europa indicò sulla grande carta geografica appesa alla parete il luogo in cui si trovavano al momento le navi container in attesa di caricare le merci e di partire per la

Cina. Dal canto suo, il loro responsabile del carico-scarico al porto di Tianjin riferì che tutto procedeva regolarmente con gli ultimi trasporti di prodotti alimentari provenienti dall'Italia, dalla Spagna e dalla Francia. Un altro collaboratore affermò di essere in attesa della segnalazione da parte del loro rappresentante in Francia della partenza di due carichi: uno dal porto di Le Havre diretto a Marsiglia dove l'aspettava un altro carico per poi partire alla volta di Tianjin. Non si trattava di merce deperibile e dunque un paio di giorni di ritardo non presentavano problemi particolari.

Marcel aveva molti clienti cinesi che importavano merce dall'Europa, in particolare prodotti alimentari, per essere distribuiti in seguito in Cina a grandi magazzini, grandi alberghi e ristoranti. Aveva inoltre diversi clienti europei che acquistavano prodotti fabbricati in Cina da distribuire in Europa. Per quanto riguardava la Cina del Nord, Tianjin era il porto di riferimento della società di Marcel.

I controlli alla dogana cinese per i prodotti alimentari erano parecchio complicati. Quando succedeva che qualche partita di questi prodotti in arrivo dall'Europa presentava problemi sanitari (era successo qualche anno prima con l'olio d'oliva) le maglie dei controlli si stringevano e il lavoro diventava difficile con tempi di attesa lunghissimi.

Marcel aveva cercato vie alternative per sfuggire a questi controlli. Per esempio far arrivare la merce ad Hong Kong e poi trasferirla in nero in Cina via terra dal corridoio di Shenzhen. Lo aveva fatto un paio di volte, non tanto per evitare di pagare troppe tasse, ma piuttosto per non dover sottostare alle lunghe procedure di controllo e sdoganamento. Poi aveva rinunciato perché troppo pericoloso.

Tianjin, le 11:30 del 17 novembre 2014

Il mattino di quella che in seguito il bretone avrebbe definito "la madre delle giornate disgraziate" tre poliziotti in divisa e due in borghese entrarono senza preavviso negli uffici della società di Marcel, chiesero di parlare con il titolare, gli intimarono di seguirlo, lo caricarono su di un piccolo bus nero con i vetri oscurati e si diressero a velocità sostenuta verso Pechino.

Tutto successe rapidamente, tanto che non ebbe nemmeno il tempo di chiedere spiegazioni. Avrebbe voluto reagire con forza, ma quanto appreso in quegli anni di lavoro in Cina gli suggerì di evitare di discutere con qualsiasi tipo di funzionario.

Dopo circa due ore di viaggio, entrati nell'area di Pechino, oltre ai mille pensieri che gli passavano per la mente, Marcel cercò di capire in che direzione l'automobile si stesse dirigendo. Lui si esprimeva abbastanza bene in mandarino e avrebbe potuto chiedere spiegazioni, ma i poliziotti non avevano nessuna intenzione di ascoltarlo e dunque nulla trapelò riguardo al motivo del suo arresto o sul luogo dove lo stavano portando. Quando il bus nero entrò in un grande cortile, Marcel notò uno stabile che assomigliava a una caserma. Senza alcuna spiegazione venne portato in una cella dell'edificio. Il bretone capì che non si trattava di una vera e propria prigione, ma piuttosto di un palazzo governativo con lo stemma del dipartimento nazionale di giustizia. Il suo stato d'animo era un miscuglio d'incazzatura, preoccupazione e sorpresa. Non riusciva a capacitarsi di che colpa si fosse macchiato. Durante il tragitto in automobile aveva ripensato a quello che aveva intrapreso negli ultimi mesi. Sia come privato cittadino, sia come imprenditore. Come cittadino privato non c'era nulla che potesse dare adito ad un arresto. Niente storie di donne o di droga. Al massimo qualche scazzottata notturna in un paio di occasioni in qualche bar di Sanlitun.

«Non sono un santo ma nemmeno un delinquente!» - disse a mo' di sfogo, ad alta voce all'attenzione dei suoi accompagnatori che lo guardarono con curiosità chiedendosi di cosa stesse parlando.

Quale proprietario di un'azienda ipotizzò che qualche suo impiegato avesse commesso infrazioni o più semplicemente errori a sua insaputa. Poteva essere, anche se nei suoi uomini aveva la massima fiducia.

Doveva avere pazienza e sangue freddo e tutto si sarebbe chiarito. Ricordò con qualche brivido gli errori commessi dagli inquirenti cinesi per i quali parecchi innocenti avevano scontato diversi anni di prigione.

Mentre veniva condotto in una piccola cella, si rivolse a uno dei poliziotti in borghese che aveva l'aria di quello che dirigeva i lavori. In buon mandarino gli disse: *Wo xiang yao gen yi ming lushi*, vale a dire, voglio parlare con un avvocato. Il poliziotto lo guardò con uno sguardo tra il sorpreso e il divertito. Probabilmente la sorpresa per il fatto che Marcel si era espresso in buon mandarino, l'aspetto curioso era che in Cina chiedere di un avvocato da parte di un arrestato sembrava una barzelletta.

Mentre Marcel era rinchiuso in cella, sulla base della segnalazione dei Servizi francesi, la polizia si attivò a indagare sull'attività del bretone e della sua società dal giorno del suo arrivo in Cina. In apparenza tutto era in ordine: tutti i suoi impiegati erano registrati e dunque nessuno lavorava in nero, nessun problema era stato riscontrato sull'attività della sua azienda dalla creazione ad oggi, sia sul fronte fiscale sia su quello dell'attività doganale. La ditta di spedizioni in Cina era debitamente registrata a Tianjin e possedeva lo statuto di *Trading company* con possibilità di acquistare, vendere, trasportare e distribuire merci. Come da norma la società era pure registrata presso l'autorità portuale.

La polizia chiese ragguagli sulla società di Marcel e sul francese stesso a funzionari di diverso grado della capitaneria del porto, i quali affermarono categoricamente che il bretone e la sua società non erano mai stati implicati in affari poco trasparenti. Anzi, a Tianjin dove tutti gli operatori si conoscevano, sul bretone c'era chi spese parole di elogio riguardo alla sua professionalità e a quella dei suoi impiegati.

Pechino, mercoledì 19 novembre 2014

Dopo due giorni passati in cella dove poté gustare la cucina del posto, per la verità nemmeno tanto cattiva, Marcel venne portato in un ufficio dove lo attendeva un funzionario in divisa. Due giorni di prigione lo avevano spossato. Marcel fu comunque sollevato dal fatto che non l'avessero dimenticato in cella. A questo punto sperò che l'uomo seduto di fronte ponesse domande puntuali e intelligenti in modo che lui potesse capire di che cosa era accusato e potesse dare così risposte esaurienti in grado di scagionarlo da ogni addebito.

Il poliziotto parlava solo cinese e vicino a sé aveva una collega che fungeva da traduttrice. Marcel avrebbe potuto sostenere l'interrogatorio in cinese ma poi decise, a mo' di rivalsa, di portare i cinesi che lo interrogavano su di un terreno neutrale.

Per mantenere la calma, malgrado la situazione fosse assai complicata, si mise a fantasticare sulla giovane poliziotta che si esprimeva in un inglese perfetto e aveva un bellissimo viso che per certi versi ricordava quello della sua Ami Li.

L'esercizio si rivelò propizio e Marcel si sentì subito più rilassato. A proposito di Ami Li Marcel aveva pensato di fare il suo nome al poliziotto che lo interrogava. In fondo lei avrebbe potuto testimoniare sulla sua affidabilità e onestà. Poi aveva desistito, non voleva tirare in ballo la ragazza e metterla in difficoltà con i suoi superiori. Marcel si accorse come in quei momenti così delicati e concitati avesse spesso pensato a lei. Segno che la giovane era diventata per lui, oltre che la donna di cui si era innamorato, anche l'unica e importantissima figura di riferimento a Pechino.

Il funzionario venne subito al sodo.

«Quali trasporti ha organizzato la sua società dall'inizio di quest'anno ad oggi?».

In queste cose Marcel era una vera e propria macchina da guerra e iniziò ad elencare a memoria tutti i trasporti effettuati e quelli che al momento erano in fase di ultimazione. Ancora fresco dalla riunione del mattino di due giorni prima dove i suoi collaboratori avevano fatto il punto della situazione degli ultimi carichi in direzione dell'Europa e della Cina, Marcel raccontò per filo e per segno di sette spedizioni appena concluse e di quattro che al momento erano ancora in corso. Il poliziotto rimase sorpreso dalla precisione del racconto.

«Mi dica dell'operazione in corso tra la Francia e la Cina, più precisamente del container in partenza dal porto di Le Havre, con scalo a Marsiglia e in seguito diretto a Tianjin».

Marcel rimase visibilmente sorpreso perché proprio il mattino dell'arresto, uno dei suoi uomini nel corso della riunione aveva riferito di un ritardo nel carico del container in partenza dalla Francia.

«In effetti - rispose il bretone - proprio il giorno in cui mi avete prelevato dall'ufficio i miei collaboratori mi hanno riferito del ritardo di un carico in partenza dalla Francia. Se potessi andare nei miei uffici sarei in grado di darvi una risposta esauriente sul carico in arrivo».

Il funzionario sembrava molto interessato a quanto lui stava raccontando. Poteva essere che il bretone si fosse preparato a puntino perché aveva qualche cosa da nascondere oppure che fosse semplicemente informato sui fatti. Da parte sua Marcel non capiva il contesto di quello che stava succedendo. Di trasporti ne aveva fatti tanti e niente del genere gli era mai capitato.

«Ma in casi come questo - riferì ancora Marcel - basta che uno degli spedizionieri con i quali condivido i lavori di carico delle merci sia in ritardo che la situazione penalizza tutti gli altri. Io in questo caso sono l'ultimo della catena, appena prima del mio cliente».

«Che tipo di merce doveva essere trasportata?».

Il bretone ebbe un attimo di incertezza. Sta a vedere, pensò, che per fare un piacere a quella donna sono venuti a sapere che ho chiesto al mio corrispondente di essere il più possibile discreto sul carico dei mobili antichi. Poi, senza battere ciglio, disse:

«Da quanto mi è stato detto e da quello che figura sui documenti di carico, si tratta di mobili antichi dalla Bretagna e dalla Provenza».

«È sicuro che nelle casse ci fossero veramente mobili antichi?».

«Così mi ha detto il mio cliente, non posso controllare da Pechino il carico della merce. Il contenuto è scritto nei documenti e se lei si informa bene nel nostro lavoro quello che fa stato sono proprio questi documenti!».

«Anche da Marsiglia dovevano partire mobili antichi in direzione di Tianjin?».

«Sì, anche da Marsiglia, e come per il carico da Le Havre, dovrebbero arrivare a Pechino tra circa sei settimane».

«A quanto ammonta il valore della merce trasportata?».

«Non lo so!».

«Come non lo so?».
«Non lo so semplicemente perché il mio cliente non ha ritenuto importante assicurare il carico».
«Si tratta di una procedura normale?».
«Non sarebbe normale per un trasporto che implica un venditore e un compratore. In questo caso il proprietario della merce è lo stesso di quello che ha ordinato il trasporto. Probabile che abbia pensato che poteva prendersi i rischi. D'altra parte assicurare il carico è molto costoso».
«Chi è il cliente in questione?».
Marcel fu a questo punto visibilmente in difficoltà. Poi si riprese subito e rispose:
«Ve lo posso dire se mi dite di cosa si tratta, perché finora io non ho capito di cosa mi accusate. Comunque, come le ho già detto, se mi fate uscire e mi date la possibilità di recarmi nei miei uffici a controllare i documenti posso dirvi il nome del cliente».
«Per il momento non se ne parla» - rispose seccamente il funzionario.
Terminata questa prima serie di domande specifiche sul carico in provenienza dalla Francia, il poliziotto passò a questioni legate al suo arrivo in Cina e alla sua attività.
«Da quanto tempo lavora in Cina?».
«Sono ormai più di quattro anni. Due anni fa ho costituito e registrato la mia società».
«Ha mai avuto problemi con la polizia portuale?».
«Mai e poi mai».
«Viaggia spesso in Europa, in particolare in Francia?».
«Lavoro spesso con la Francia ma è da due anni che non ci torno».
«Ha contatti con cittadini cinesi che vivono in Francia?».
«Ho solo qualche contatto con cinesi che operano nell'import-export».

«Si muove spesso in Cina oppure la sua attività la tiene legato soprattutto all'area di Pechino?».

«In pratica, purtroppo, i movimenti oltre la regione di Pechino sono rari».

Sul momento Marcel faticò a comprendere il senso dell'ultima serie di domande. Lo avrebbe capito con sua massima sorpresa in seguito. L'interrogatorio durò circa mezz'ora. Il tempo passò in un baleno. Senza spiegazioni il funzionario fece entrare i suoi uomini ordinando loro di riaccompagnare Marcel in cella. Il bretone a questo punto accennò una domanda ma fu zittito sul nascere.

«Qui le domande le facciamo noi!».

Di nuovo in cella, Marcel, incominciò a riflettere su quanto sperimentato durante l'interrogatorio. Non riusciva a comprendere come mai quel carico di mobilio antico potesse causare così tanti guai a lui e alla sua società. Tutto girava attorno alle richieste di quella donna incontrata al bar dell'albergo Ritz di *Dawanglu*. Al massimo gli si poteva attribuire negligenza, anche se in tutta questa operazione gli sembrava che nemmeno quella ci fosse stata. Il problema era ora far capire ai poliziotti cinesi che lui in tutto questo non aveva avuto nessun ruolo se non quello di una specie di fattorino.

SETTE

Pechino, giovedì 20 novembre 2014
La mattina dopo Marcel venne portato in un ufficio per essere nuovamente interrogato. Un altro ufficio, non quello del primo interrogatorio. Questo sembrava una saletta conferenze di un albergo a cinque stelle. Niente tavoli né armadi in legno pesante con decorazioni tradizionali cinesi. In quell'ufficio in stile minimalista giapponese troneggiavano una scrivania di cristallo e acciaio, poltrone di pelle nera e una libreria di metallo di un bellissimo colore blu scuro sulla quale si notavano volumi di diritto e di storia, molti dei quali in lingua inglese. L'aspetto che più colpì Marcel fu la presenza nell'ufficio di una moderna macchinetta per il caffè.

Dopo essersi guardato attorno con curiosità Marcel non seppe trattenersi e chiese al poliziotto che lo aveva accompagnato in quel luogo particolare se potesse avere un *yige idaly espresso jia yi diandian de niuai* (un espresso all'italiana con un po' di latte). Il poliziotto lo guardò con fare curioso. Evidentemente il suo cinese non era corretto come ipotizzava. L'intenzione di Marcel era creare una certa empatia con l'uomo che lo aspettava seduto in una delle poltrone della saletta pronto ad interrogarlo. Ci aveva azzeccato. Il funzionario che lo attendeva non sembrò affatto disprezzare la battuta del francese. Anzi, accennò persino un sorriso e diede l'ordine di preparare un caffè per lui e il suo ospite. Aveva capito bene, quel tale lo aveva definito con il termine cinese *keren*, vale a dire ospite.

Fisico asciutto, capelli nerissimi pettinati all'indietro raccolti in un codino. Colorito scuro, viso allungato ed elegante che lo faceva sembrare più malese che cinese, pizzetto come quelli che si vedono nelle vecchie fotografie d'inizio '900 della dinastia Qing. Così si presentava quell'uomo seduto in attesa di interrogare Marcel. Vestito nero, camicia bianca e cravatta nera, occhiali dalle lenti scure come se volesse nascondere il suo sguardo alla vista degli altri.

Marcel ebbe d'acchito l'impressione di aver già incontrato quell'uomo dall'eleganza sobria quasi severa, ma non ricordava dove. Il francese era curioso di capire cosa volesse quel funzionario più di quello che lui già aveva detto al primo poliziotto.

In quei pochi giorni il bretone aveva sperimentato sulla sua pelle come fosse terribile essere abbandonato a sé stesso in cella senza sapere cosa stesse succedendo. Gli interrogatori a questo punto erano benvenuti.

Il funzionario si alzò, lo salutò con una stretta di mano e lo invitò a sedersi di fronte a lui. L'uomo si esprimeva in buon inglese.

"Qui gatta ci cova" - pensò Marcel, insospettito da tanta gentilezza.

Il funzionario iniziò a porre le domande. Non le stesse di quelle del poliziotto del giorno prima. Il suo interesse era sì rivolto alla spedizione dei mobili antichi francesi, ma con particolare riguardo a chi aveva richiesto la collaborazione del bretone. In un momento di fantasia creativa Marcel si disse che forse l'uomo non era un poliziotto come gli altri, ma si trattava di un personaggio di qualche strano corpo speciale dedito al traffico di opere d'arte. Una specie di "consulente artistico" della polizia. Marcel rise per quei suoi pensieri propedeutici per calmare l'agitazione che lo stava assillando. Comunque un pensiero lo perseguitava: quell'uomo lo aveva già visto da qualche parte a Pechino.

«Cosa mi dice della spedizione da lei organizzata?».

Il funzionario era partito dal punto in cui il suo collega aveva terminato.

«Come ho già detto al suo collega, si tratta di una normale spedizione di mobili antichi dai luoghi di consegna in Bretagna e Aix-en-Provence ai porti di Le Havre e Marsiglia e poi, via nave, fino a Tianjin. Mi era stato chiesto di portare molta attenzione al momento del carico e dello scarico delle casse contenenti i mobili, tutto qui».

«Il mio collega mi ha comunicato che lei ha detto di non conoscere il valore della merce. Com'è possibile? Non è stata fatta un'assicurazione sul carico da trasportare?».

«No, come ho già detto al suo amico».

«Non è un mio amico, ma un mio subalterno» - precisò il funzionario.

«Come ho detto al suo subalterno, il carico non è stato assicurato perché la merce era già di proprietà del cliente, il quale aveva preso i rischi a suo carico. Il tutto è scritto nero su bianco nel contratto firmato dal mio cliente. Concordo sul fatto che suoni un po' strano, ma nel nostro lavoro capitano di tanto in tanto situazioni non proprio abituali».

Dopo la spiegazione sommaria dei contenuti e della modalità del trasporto, che Marcel conosceva alla perfezione, l'uomo incominciò a porre domande puntuali sul cliente che aveva richiesto i suoi servizi.

«Conosceva già la persona che si è rivolta a lei per il trasporto?».

«No, non la conoscevo affatto, mi ha telefonato e abbiamo fissato un incontro a Pechino. L'ho incontrata al bar di un grande albergo a *Dawanglu*».

«Le capita spesso di incontrare per caso al bar i nuovi clienti?».

«Non ci siamo incontrati per caso. Ci siamo accordati per

trovarci in tarda serata in quel luogo. Comunque sì, mi è già capitato. Spesso i clienti mi invitano nel loro albergo a discutere di lavoro. Capita spesso, perché molti di loro arrivano a Pechino da altre città e soggiornano in albergo. A questo punto l'albergo diventa il loro punto di riferimento, insomma, il loro ufficio».

«Cosa mi può dire della persona che ha incontrato?».

«È una donna».

«Faccia uno sforzo ulteriore».

«È una bella donna di mezza età».

«Ha un nome e un cognome questa bella donna di mezza età? Presumo le abbia mostrato un passaporto».

«Sì, si chiama Eliane Merz. Così figurava sul passaporto».

«Lei si lascia facilmente attrarre dalle donne di bell'aspetto che incontra nei bar?».

«Forse una volta. Ora sono quasi fidanzato con una giovane cinese che mi basta e avanza in fatto di intelligenza, bellezza e simpatia. Comunque, se proprio ritiene che la cosa sia importante per l'indagine, sì, la donna era piuttosto attraente, decisa e precisa. Comunque, io distinguo il divertimento dal lavoro. La donna in questione era innanzitutto una cliente».

Il funzionario sembrò colpito dalla secca risposta del bretone. Marcel era incuriosito e contento della piega che stava prendendo l'interrogatorio, perché gli sembrò di capire che l'attenzione si allontanava da lui e si focalizzava invece su chi aveva richiesto il trasporto.

«Come ha conosciuto questa Eliane Merz?».

«Molto semplicemente. Mi ha chiamato in ufficio, era la terza settimana di ottobre. Abbiamo stabilito di incontrarci domenica 26 ottobre alle 23:00 al bar dell'albergo Ritz. Ammetto che l'orario dell'incontro mi era sembrato un po' strano. Comunque chi si sposta spesso per lavoro tende a perdere la nozione del tempo. Maledetto quell'incontro».

«Perché considera quell'incontro maledetto?»

«Perché se non avessi ricevuto quella telefonata e non avessi accettato quell'incarico, invece di essere in prigione ed essere torchiato da lei, in questo momento sarei a spasso con la mia fidanzata».

«C'era qualche cosa di anomalo, strano, curioso, inabituale o altro nelle richieste della donna?».

«Anomalo, cosa intende per anomalo?».

«Per esempio richieste difficili da esaudire, o poco specifiche o molto specifiche come di qualcuno che si intende di trasporti navali».

«In effetti, ora che ci penso c'era qualche cosa di un po' strano».

Marcel spiegò al funzionario, anzi rispiegò al nuovo funzionario, che la cosa strana non era tanto il contenuto del trasporto, vale a dire i mobili antichi, ma piuttosto l'aspetto amministrativo: il fatto per esempio che il trasporto sarebbe dovuto avvenire senza le pratiche bancarie e assicurative. Questo significava che se le merci fossero andate perse in mare, distrutte in un incendio o rubate, il proprietario non sarebbe stato risarcito. Marcel ammise che la donna gli aveva chiesto l'assoluta discrezione sul carico e pure se avesse potuto evitare che qualcuno mettesse le mani nei container quando si trovavano ai porti di Le Havre e di Marsiglia.

Nel frattempo il funzionario fu chiamato in un'altra stanza. Dopo qualche minuto l'uomo ritornò dal bretone. Marcel non era ancora riuscito a capire nel dettaglio di cosa lo stessero accusando. Decise dunque di porre una domanda diretta e molto chiara al poliziotto.

«Mi scusi, posso sapere come mai un trasporto di mobili antichi dalla Francia a Pechino susciti tanto interesse da parte della polizia cinese? Posso sapere per quale losco affare quella donna mi avrebbe usato?».

Il funzionario sembrò sorpreso e indeciso sulla risposta da dare al francese.

«Forse più in là - disse - per ora risponda alle mie domande. Lei sa chi sono gli uiguri?».

Marcel rimase di stucco. Vuoi dire che mi sta interrogando sulla storia della Cina?

Poi ripensò alla cena con Ami Li e a quanto successo in quel locale nell'*hutong*. Era sorpreso della domanda. Possibile che il trasporto che stava destando tanta curiosità avesse a che fare con gli abitanti musulmani dello Xinjiang?

«Sì, insomma, un po' - rispose Marcel dopo qualche secondo di esitazione - so che gli uiguri sono musulmani di origine turcomanna che abitano nello Xinjiang e che di tanto in tanto commettono attentati terroristici, perché si sentono oppressi dai cinesi. Ho sentito dire che vogliono separarsi dalla Cina, la qualcosa preoccupa molto il vostro governo».

«Lei conosce cittadini uiguri che vivono a Pechino? Ne ha già incontrati? Li frequenta?».

Marcel, il forte e deciso bretone, sentì un fastidioso formicolio nelle gambe. Vuoi dire, pensò, che senza saperlo sono entrato in contatto con il terrorismo uiguro? Marcel era sul punto di raccontare quanto vissuto con Ami Li una sera di alcune settimane prima. Poi decise che non era il caso di coinvolgere in questa vicenda la sua amica.

A questo punto il funzionario pensò che era venuto il momento di calare il primo *jolly* per capire se Marcel avesse qualche cosa da spartire con tutta questa vicenda.

«Va bene - disse perentorio il funzionario - ora le dico come stanno le cose e mi raccomando non mi svenga sul più bello, faccia onore alla sua tempra bretone. Purtroppo per lei nelle casse che dovevano essere caricate a Le Havre e Marsiglia non vi erano mobili antichi ma armi, munizioni, materiale per costruire bombe e altre cosette di questo tipo. Lei capisce ora che la faccenda in cui si è messo rischia di essere molto pericolosa?».

Poi il cinese decise di giocarsi il secondo jolly.

«Ma c'è di più, caro amico francese: oltre alle armi sono stati trovati, in due luoghi e situazioni diverse, pensi un po', anche i cadaveri di dodici giovani, due francesi e dieci cittadini uiguri. Probabilmente erano coloro che avevano il compito di organizzare la colletta delle armi e il loro trasporto fino ai porti di carico. Come vede, il nostro interesse non è affatto per questioni banali. A mio parere, malgrado le belle parole della sua cliente, lei dovrebbe incominciare seriamente a preoccuparsi. Se non saprà darci spiegazioni più che convincenti si aspetti un lungo soggiorno nelle nostre prigioni nella Mongolia Interna. Mi sono spiegato?».

Marcel sbiancò di colpo. Sentì un fortissimo dolore come se qualcuno l'avesse colpito con un tremendo pugno allo stomaco. Si sentì mancare e per poco non cadde dalla sedia. La forte fitta gli era salita dalle spalle fino alla testa. Nella mente gli passarono davanti immagini di interrogatori con lui legato a una sedia, secchi d'acqua fredda in faccia, scosse elettriche sui testicoli, notti insonni con fari accecanti puntati negli occhi tenuti aperti da speciali fermagli e poi, da ultimo sentì la fredda canna della pistola appoggiata contro la sua tempia. Il funzionario scrutava le sue reazioni. Cercava di capire cosa stesse passando nella testa del bretone. Lo lasciò per un momento in silenzio con i suoi pensieri.

In quei pochi istanti Marcel passò mentalmente in rassegna tutto quanto accaduto, durante e dopo l'incontro con la donna. Quelle tragiche rivelazioni avevano lasciato il segno.

Avrebbe voluto parlarne con Ami Li, l'unica che a questo punto avrebbe potuto dargli conforto e soprattutto aiuto. Poi ecco che il funzionario cambiò registro.

«Si riprenda giovanotto, non siamo ancora a questo punto. Constato con piacere dal suo colorito che finalmente si sta rendendo conto che la faccenda nella quale la sua donna lo ha cacciato non è affatto tranquilla».

«Nella faccenda in cui mi hanno cacciato, cazzo, e non in cui mi sono cacciato... se permette. E poi, a scanso di equivoci, "quella" donna non è la "mia" donna!».

Il funzionario fu favorevolmente colpito dalla stizzita reazione di Marcel. A questo punto chiamò uno dei suoi uomini e gli ordinò di riportare il bretone in cella. Prima di lascialo partire disse:

«Le capita spesso di andare nei bar di Sanlitun? Magri in quello che di nome fa Pinocchio? Non ha pensato in questi giorni di chiedere il permesso di chiamare qualche suo amico o amica, magari una poliziotta, affinché possa correre in suo aiuto?».

Marcel non ebbe il tempo di rispondere. L'uomo lasciò il locale e lui rimase a bocca aperta con il cervello in ebollizione. Come faceva quello strano personaggio a sapere che lui aveva un'amica poliziotta? Come faceva a sapere che lui frequentava i bar di Sanlitun? Anzi uno speciale bar di Sanlitun? A che gioco stava giocando quell'uomo?

Mister Hu, così si chiamava quel funzionario, avrebbe in seguito riferito al suo principale collaboratore di essere rimasto positivamente impressionato dal fatto che il bretone durante l'interrogatorio non avesse citato la sua amicizia con una poliziotta. Un aspetto che avrebbe potuto giovare alla sua situazione ma compromettere la giovane. Mister Hu sottolineò che l'uomo che aveva davanti stava tenendo un contegno degno di considerazione.

Di nuovo in cella Marcel non riuscì quasi a chiudere occhio. Era pervaso da un mix di timore e curiosità. Timore per quanto detto dal funzionario riguardo alle morte dei giovani e della presenza nelle casse di armi, invece che mobili antichi. Curiosità riguardo alle frequentazioni dei bar di Sanlitun e specialmente per l'amica poliziotta. Il tutto unito a una profonda incazzatura per essere in cella per qualche cosa che non aveva fatto. Decise che doveva mostrare ad ogni costo che la carcerazione che stava subendo era ingiusta. Non poteva lasciare che gli inquirenti pensassero nemmeno lontanamente che lui avesse commesso qualche cosa contrario alla legge. Per marcare questo concetto decise di rifiutare i pasti che gli venivano offerti. Cosa non da poco visto che lo *chef* della prigione era decisamente di "razza buona". Si rifiutò pure di uscire dalla cella per la normale passeggiata, cosa questa che, vista l'aria di Pechino, non gli costò invece molto sforzo.

Pechino, venerdì 21 novembre 2014
Un poliziotto entrò nella cella di Marcel. Il rumore causato dall'apertura della porta gli provocò una sorta di cortocircuito in testa. Preso alla sprovvista ci mise un attimo a ricordare dove si trovasse. Poi, dopo un momento di completo smarrimento, il suo cervello riuscì a rimettere insieme i singoli pezzi di quel film dell'orrore.
«Raccolga le sue cose e mi segua - disse il poliziotto - prenda tutto perché lei è libero di andare».
«Andare dove?».
«Come? A casa sua, per esempio».
Dopo un momento di riflessione Marcel decise che a questo punto sarebbe stato inopportuno chiedere ulteriori informazioni. Per un attimo immaginò che lo lasciassero uscire

di cella per poi ucciderlo con un colpo di pistola alla nuca. Ma nulla di ciò accadde. Raccolse le sue poche cose e seguì il poliziotto. Era esterrefatto.

"Questi coglioni - pensò - mi hanno tenuto in carcere per un sacco di giorni e ora mi liberano senza darmi una spiegazione. Roba da matti, roba da cinesi".

Venne accompagnato fino all'imponente cancello del palazzo che dava direttamente sul grande anello stradale. Le sorprese erano appena incominciate.

Una Mercedes nera era posteggiata fuori dal cancello. Al suo arrivo una guardia aprì la porta posteriore della grande automobile e lo invitò a salire a bordo. Non aveva più né la voglia né la forza di pensare. Salì come un automa in macchina.

Seduto ad attenderlo sul sedile posteriore c'era il funzionario del secondo interrogatorio, quello elegante nel vestire, distinto, pungente ma cordiale nei modi. Marcel non disse nulla. Appoggiò la schiena al soffice sedile e attese che l'uomo gli spiegasse la continuazione del film.

Dopo qualche minuto il funzionario gli disse di chiamarsi Mister Hu. Gli spiegò nuovamente, affinché fosse ben chiaro, il motivo del suo arresto e in cosa fosse stato implicato.

«Come le ho detto, signor Marcel, il carico di mobilio era una bufala, in realtà dentro le casse che lei avrebbe dovuto trasportare c'erano armi automatiche e munizioni. Senza contare i dodici giovani barbaramente uccisi».

Alle parole del funzionario Marcel si svegliò dal torpore che non lo aveva abbandonato dal momento dell'apertura della porta della cella.

«Scusi, posso sapere dove mi state portando?».

Quella semplice frase ebbe il merito di destabilizzare il funzionario che da Marcel si attendeva una serie di domande su cosa era successo e, in particolare, sul perché lo ritenessero coinvolto in tutta questa ingarbugliata vicenda.

«La portiamo a casa sua. Sono abbastanza convinto che lei sia stato ingannato e sono pure persuaso che ora lei sia parecchio arrabbiato con chi l'ha utilizzato per i suoi loschi giochi. Non prenda iniziative di sorta. Mi occuperò personalmente di chiarire quanto accaduto. Non cerchi di lasciare Pechino, perché ovunque vada io la troverò e un'azione del genere rischierebbe di aggravare la sua posizione. Detto questo, per rialzarle il morale, le dirò che sono giunto alla conclusione che se uno organizza un trasporto del genere non può essere così stupido da rimanere in Cina con il rischio di essere immediatamente catturato. Dunque o lei è stupido oppure è stato ingannato. Qualcuno che la conosce molto bene, direi intimamente, mi ha detto che lei non è stupido e dunque resta valida la seconda ipotesi, che comunque per sicurezza va verificata».

«Chi le ha detto che non sono stupido?».

«Giochi di immaginazione, vedrà che ci arriverà. Il suo passaporto per qualche giorno lo teniamo noi. Naturalmente può recarsi a lavorare a Tianjin. I miei uomini le forniranno un lasciapassare da usare per il treno. Nella sfortuna lei è comunque fortunato. La sua frequentazione del Pinocchio e il fatto di conoscere una persona che io stimo profondamente le permettono questa sera di dormire sonni tranquilli a casa sua e non sonni agitati in Mongolia Interna».

Le parole del cinese lo avevano rincuorato. Ora il risveglio dal sonno era totale. Per fortuna, pensò, ho incontrato questo poliziotto e per fortuna ho vicino a me una donna come Ami Li. Poi la curiosità ebbe il sopravvento.

«Come fa a sapere tutte queste cose su di me?».

«È semplice, conosco la sua amica Ami Li, che occasionalmente lavora per me. Più che una mia impiegata, Ami

Li è per me una figlia. La figlia che non ho avuto. Per dirla fino in fondo, signor Marcel, se vengo a sapere che lei la sta prendendo in giro la sbatto in una delle peggiori prigioni del paese. Capito? Comunque sono contento e sorpreso in bene del fatto che lei non abbia approfittato di avere un'amica poliziotta. Questo le fa onore. Molti, mi creda, si sarebbero comportati diversamente».

Marcel era stralunato. Ami Li era fortunata ad avere amici che le volevano così bene. Prima quel Giulio, ora anche questo poliziotto si preoccupava della sua amica. Dopo lo stordimento iniziale, Marcel incominciava lentamente e con molta fatica a riprendersi dallo shock.

Il suo cervello iniziava ad analizzare con più calma i pezzi del *puzzle*. La donna che lo aveva ingannato, le armi al posto dei mobili, i giovani uccisi, la prigione cinese, quell'uomo che sembrava come per magia sapere tutto di lui fino a conoscere i suoi sentimenti per Ami Li. Nel frattempo arrivarono davanti alla porta del suo palazzo vicino al Lufthansa Center. L'autista aprì la portiera. Il poliziotto lo fissò negli occhi e lo invitò a scendere.

«Non si allontani per nessun motivo. Potrei avere bisogno di lei».

Il funzionario ordinò in seguito ai suoi uomini di controllare le future mosse del bretone. Il telefono di casa e dell'ufficio, unitamente al cellulare, vennero messi sotto stretto controllo. I movimenti e gli incontri con altre persone vennero monitorati. Grazie ai rapporti di lavoro e di amicizia con i suoi compagni del vecchio gruppo contro il traffico di organi umani, Hu aveva imparato a conoscere l'animo dei giovani europei. Era sicuro che molto presto Marcel sarebbe tornato da lui chiedendo di potersi muovere anche fuori dalla Cina per trovare coloro che lo avevano incastrato. Voleva che fosse Marcel a fare il primo passo. Lui lo avrebbe atteso al varco.

Appena Marcel scese dalla macchina, l'autista di mister Hu ripartì a piena velocità.

«Accidenti... adesso ricordo dove l'ho visto quel tipo. L'ho incontrato al Pinocchio. È quello che mi ha sbattuto fuori dal locale dopo una lunga serata allegra».

Prese l'ascensore e salì al suo appartamento. Era stanchissimo, dopo una lunga doccia calda avrebbe voluto chiamare Ami Li, ma non ci riuscì. Appoggiata la testa sul cuscino sprofondò in un sonno d'altri tempi.

OTTO

Pechino, sabato 22 novembre 2014
Per Marcel il risveglio del giorno dopo fu problematico. Si guardò attorno per capire se si trovasse ancora in cella o se fosse stato solo un incubo. Poi riconobbe le mura della sua camera da letto con i bellissimi acquarelli acquistati al Mercato della seta e capì che l'uscita dal carcere e il colloquio in macchina con lo strano investigatore erano veramente accaduti.

Il lungo sonno gli aveva permesso di riprendere le forze. Riavvolse mentalmente quanto successo e la rabbia gli risalì nel petto. Chiunque gli avesse giocato questo tiro vigliacco doveva pagarla. Da ora in avanti il suo obiettivo sarebbe stato quello di trovare chi lo aveva trascinato in questo sporco affare.

Prima di tutto doveva chiamare Ami Li. Era l'unica persona che desiderava vedere in quella tarda mattinata di fine novembre. Non solo per avere conforto ma anche per soddisfare la sua curiosità sul legame che la univa a quello strano personaggio che rispondeva al nome di Mister Hu. Non fece però in tempo a prendere il cellulare che già stava squillando.

«Come sta il mio bellissimo bretone? Cosa mi dici se ti comunico che mi sei mancato tanto e non vedo l'ora di abbracciarti? Tra l'altro ho saputo della tua terribile avventura, come pure della tua paradossale esperienza, per fortuna corta, nelle prigioni del mio paese. Ma ora ci sono io a proteggerti e nulla potrà accaderti».

«Un'esperienza di cui avrei fatto volentieri a meno, cara

poliziotta. Chi mi ha giocato questo tiro se ne pentirà. A parte questa coglionata che mi ha fatto imbiancare i capelli, mi sei mancata molto pure tu. Comunque sappi che in quei palazzi grigi dell'amministrazione cinese tu sei una persona piuttosto conosciuta. Sono ormai due quelli che mi hanno minacciato se dovessi comportarmi male con te. Prima il tuo amico Giulio e ora pure quell'anziano funzionario. Ti aspetto, vieni presto».

«Appena finisco il turno mi precipito. Non uscire di casa prima di aver parlato con me».

Ami Li conosceva bene Mister Hu. Si erano incontrati la prima volta tramite Giulio, padrone e gerente del Pinocchio. Dopo averla vista in azione come poliziotta, Mister Hu aveva iniziato ad apprezzarla tanto da proporle di affiancarlo in alcune missioni speciali. La ragazza era entusiasta. In occasione di una sua visita al Pinocchio Mister Hu aveva intravisto Marcel insieme a lei.

Nei giorni scorsi, mentre il bretone era in prigione, Giulio, Mister Hu e Ami Li si erano incontrati e avevano parlato di Marcel e di quanto gli era successo. Hu aveva spiegato ad Ami Li che la situazione in cui si era cacciato era grave e complicata. Lei lo aveva rassicurato affermando con forza che Marcel non poteva essere implicato in un traffico di armi. Qualche cosa di strano doveva essere successo. Mister Hu non aveva motivo di dubitare che la ragazza fosse sincera e, soprattutto, in grado, malgrado l'innamoramento, di dare un giudizio neutro su Marcel.

«Mi sembra impossibile - disse Ami Li - Marcel non è stupido e sul lavoro è molto serio. Probabilmente è stato ingannato. Non posso credere che uno come lui pensi di organizzare un traffico d'armi dalla Francia alla Cina. Visto invece che Marcel è uno tosto e pure irascibile, ho paura che si metta a cercare chi lo ha ingannato e voglia farsi giustizia da solo».

«Credo che Ami Li abbia ragione - disse Giulio - comunque, visto che l'hai lasciato tornare a casa, penso che Ami Li potrà parlare con lui e chiarire quanto successo. Non conosco a sufficienza il suo lavoro di spedizioniere per capire se si sia trattato di negligenza oppure se si sia trovato a confrontarsi con situazioni particolari che possono essergli sfuggite di mano».

Mister Hu contava molto sulle capacità di Ami Li di verificare la posizione di Marcel rispetto a questa vicenda.

«Ami Li, lui ti cerca e ora devi andare a trovarlo. Non chiedere niente, lascialo parlare, lascialo sfogare. Poi analizzeremo da vicino il suo comportamento».

Ami Li raggiunse Marcel a casa sua. Lui era felice di poterla riabbracciare e l'attendeva sulla porta del suo appartamento. Appena lo vide, Ami Li prese la rincorsa e gli volò tra le braccia. Quel balzo improvviso e frontale era diventato il modo di Ami Li di dimostrargli il suo affetto. La ragazza temeva di trovarlo confuso. Niente di tutto questo. Marcel era semplicemente arrabbiato, anzi furioso e curioso di sapere cosa gli stesse capitando e voglioso di vendicarsi.

«Ami Li, ti dico la verità, non sono molto tranquillo, anche se quel Mister Hu mi ha lasciato rientrare a casa. Per essere finalmente sereno devo capire cosa mi è capitato, chi mi ha fatto questo infame scherzo e perché lo ha fatto».

«Sai, Marcel, queste sono le domande che anche Mister Hu si pone. Lui sperava che tu potessi dargli delle risposte. Il fatto che nemmeno sotto la minaccia di diversi anni di reclusione in Mongolia interna tu abbia saputo dare una spiegazione a quanto successo probabilmente lo ha quasi convinto della tua innocenza».

«Quella maledetta Eliane Merz - disse Marcel - era certamente speciale, ma comunque mai e poi mai mi sarei aspettato una fregatura di questo tipo. In fondo tutto quello che dovevo svolgere mi sembrava normale e dunque non mi sono preoccupato. Con il senno di poi avrei forse potuto approfondire un po' di più le peculiarità del trasporto, ma una cosa così grave proprio non me la potevo immaginare».

«Insomma - disse Ami Li rivolgendo a Marcel uno sguardo tra il severo e l'arrabbiato - quella Alianna o Eliane o Eloisa, o come cavolo si chiama, ti ha talmente ammaliato che ti sei lasciato abbindolare? Cosa ti ha detto o magari fatto di così speciale da farti crollare ai suoi piedi?».

«Non dire cazzate, Ami Li. Questa osservazione me l'ha fatta anche il tuo amico superpoliziotto. Cara ragazza, nessuno mi ha ammaliato, al massimo sono stato ingannato. Piuttosto, a proposito di questo Mister Hu, da quanto collabori con lui? E poi quel Giulio da quanto tempo ti fa il filo?».

«Mister Hu, se veramente vuoi saperlo, oltre ad essere il mio capo è anche il mentore che non ho mai avuto. Lui pensa che tu sia stato ingannato. D'altra parte, se sei qui a casa tua e non in cella, questo deve pure significare qualche cosa. Veniamo alla seconda domanda. Se Hu è il nonno che non ho mai avuto, Giulio è il padre, che non ho mai avuto. Un bel padre per la verità».

«E io chi sono?» - chiese Marcel.

«Tu sei il mio giovane amore francese e a proposito di Mister Hu - disse Ami Li - per essere precisa, noi non collaboriamo, lui comanda e io eseguo. Giulio è un grande amico e un giorno, quando avremo tempo, ti racconterò di lui. Ora pensiamo a te e a quello che intendi fare. Quello che Mister Hu non vuole è che tu ti muova in solitario. C'è un'altra cosa che ti devo dire, ma ti prego di non rivelare a Hu che te ne ho parlato. Credo che lui stia pensando di utilizzarti per scoprire cosa sia veramente successo in Francia. Per lui tu sei un testimone importante, perché hai conosciuto la donna che ti ha incaricato di questi trasporti truccati e che, se fortuna vorrà, ti ricontatterà di nuovo. Secondo Hu quel traffico di armi doveva per forza avere un coordinatore. E quel coordinatore bisogna trovarlo e neutralizzarlo. Hu è convinto che la tua rabbia e la tua determinazione di vendicarti di coloro che ti hanno messo nei guai potrebbe essere utile alla sua causa. Di tutto questo te ne parlerà lui di persona».

Mister Hu, cinese di Pechino
Quello che Giulio e i componenti del vecchio gruppo chiamavano il *Cinese* non era sempre stato un imperterrito poliziotto. Mister Hu era nativo di Xiamen, una bella e ricca città sul mare nel Sud-Est della Cina. A metà dell'800 Amoy, come Xiamen era chiamata dagli inglesi, divenne uno dei cinque porti franchi aperti ai commerci internazionali. Un secolo più tardi, con l'avvento al potere di Deng Xiaoping, la città si trasformò in un importante centro industriale tanto che a partire dal 1980 fu una delle prime quattro zone economiche speciali autorizzate dal governo centrale a sviluppare un'economia diversificata. Mister Hu, classe 1949, partecipò senza molto entusiasmo alla Rivoluzione culturale che, come sottolineò più tardi, non sentiva sua. Il giovane figlio unico di un funzionario del Partito comunista, imprenditore edile e commerciante in marmo per un'impresa che faceva capo alla provincia del Fujian, aveva potuto godere di una gioventù spensierata. L'appartenenza del padre al Partito comunista gli aveva aperto le porte agli studi superiori e poi universitari. Inizialmente destinato a subentrare al padre nella sua impresa edile, il giovane Hu preferì partire all'avventura nel Sud-Est Asiatico. Il genitore, troppo occupato nella gestione della sua azienda e a fare soldi tramite attività private nel campo immobiliare, lo lasciò partire senza ostacolarlo. Da giovane Hu bazzicò in territori pericolosi.

Insieme al suo amico greco Christos Katidis incontrato in Birmania, partecipò a operazioni poco trasparenti, ma molto remunerative. Le scorribande dei due in quell'area vennero notate da funzionari dei Servizi segreti inglesi che in quel periodo stavano creando una entità sovranazionale il cui compito sarebbe stato quello di osservare, smascherare e in seguito debellare il traffico di organi umani, un'attività che in quegli anni aveva preso sempre più piede nel mondo. Il lavoro dei due amici si concretizzò con la creazione di un gruppo d'azione e il comando venne dato a Christos e al suo amico Mister Hu. A loro i Servizi della Regina diedero l'incarico di provvedere al reclutamento e alla formazione dei futuri agenti che sarebbero poi stati inviati in quelle nazioni dove il vergognoso traffico aveva preso piede. Visto che la Cina era entrata in quegli anni nel novero delle nazioni extra-europee dove questo traffico stava creando problemi, Christos chiese all'allora giovane Mister Hu di accollarsi le attività del Gruppo in Asia.

Tornata al Pinocchio Ami Li discute con Hu e Giulio.
«Ho parlato con Marcel. Sono convinta che lui sia sincero e non c'entri nulla con il traffico di armi. La rabbia che ha in corpo mi sembra genuina, giustificata ma anche un po' pericolosa. Se mente, significa che è un attore nato. Ma da come lo conosco lui è troppo genuino per essere un attore».
«Che domande ti ha fatto?» chiese Hu.
«Mi ha fatto domande su di te, perché con il tuo modo di fare lo hai scombussolato. Prima imprigionato, poi rilasciato, e poi tutto il resto. Insomma il mio amico del cuore mi è sembrato un po' sbalestrato».
«Su di me e sul Pinocchio ti ha chiesto qualche cosa?» - domandò Giulio.

«Sì, mi ha chiesto di te, ma credo che fosse più interessato a sapere che tipo di relazione ci sia tra noi. Insomma penso che gli è presa un po' di gelosia. Sul Pinocchio invece la sorpresa non è stata grande. Già in passato lo aveva definito una specie di covo di spie».

«Possibile che questo bretone - chiese Giulio a Mister Hu - inciampi nei nostri piedi puramente per caso? Comunque, per la nostra tranquillità suggerisco di controllare i suoi spostamenti, le sue telefonate e le sue *mail*. Il fatto che sia stata la sua società a organizzare il trasporto non significa che automaticamente sia coinvolto. I terroristi in genere non hanno una società di spedizioni e per questi lavori utilizzano quelle già esistenti. Forse è capitato a lui per caso. Forse perché chi l'ha scelto aveva bisogno di un francese, visto che il carico partiva dalla Francia. La mia esperienza mi dice che chi è veramente colpevole o abbandona ogni resistenza e si affloscia moralmente, o cerca di negare anche le cose più evidenti. Chi sa di essere innocente invece si incazza, perché teme che gli altri non gli credano e perché potrebbe rischiare una punizione che non merita».

Finita la discussione i tre si chiusero nei loro pensieri. Il *Cinese* mentalmente organizzava i prossimi passi da compiere per risolvere l'enigma dei fatti di Marsiglia e Saint-Malo, Giulio stava rivivendo momenti passati e si domandava se fosse giusto rientrare in azione dopo quanto successo con l'inchiesta sul traffico di organi umani, Ami Li più semplicemente era rattristata per quanto il suo compagno stava passando. Poi Hu riprese in mano la situazione.

«Dobbiamo decidere cosa fare con Marcel, tanto più che ormai ce lo abbiamo tra i piedi. E anche perché - disse sorridendo - c'è qualcuno di noi che ce l'ha nel cuore e tra le braccia. A questo punto, lasciamo passare un po' di giorni, lo sorvegliamo da vicino e poi, se reputiamo che ci possa essere utile, ce lo tiriamo dentro il gruppo».

«Sono d'accordo con te Hu - disse Giulio - vedremo in seguito come coinvolgerlo».

Mister Hu era sempre più convinto che con o senza Marcel ora il gruppo, o meglio, quello che restava del vecchio gruppo della lotta al traffico di organi umani, doveva rientrare in azione. Per Giulio il rientro in gioco significava la possibilità di lasciarsi alle spalle il trauma vissuto al momento dello scioglimento del gruppo stesso. E poi Giulio non era uno che restava inattivo. La sua esperienza nel dirigere le azioni di sorveglianza, la sua conoscenza dei luoghi sia in Cina sia in Europa, senza contare le lingue in cui era in grado di esprimersi, lo facevano l'elemento perfetto per fare parte a pieno titolo del gruppo, in questo caso per la lotta al terrorismo interno che Hu stava formando. Quella sera, dopo la discussione sull'eventuale reclutamento di Marcel nelle indagini, Mister Hu si diresse verso la NanSanlitunLu dove il suo vecchio amico Charles Wei lo aspettava all'interno dell'Orchidea Blu.

Charles Wei, cinese di Pechino
Sessantatré anni, da sempre amico e prezioso collaboratore di Mister Hu, era un uomo di media statura, tarchiato, viso ovale, taciturno e fidato. Più che cinese Wei sembrava un giapponese. L'amicizia tra Mister Hu, Wei e il greco Christos risaliva al tempo delle scorribande giovanili dei tre in missioni non sempre limpide in Indocina. Il *Cinese* lo impiegava per i lavori più sporchi e più difficili, sia nella lotta contro il traffico di organi umani, sia in altre operazioni dove la discrezione era di rigore. In altre parole Charles Wei era l'uomo fidato di Hu per svolgere le missioni più delicate. Tra queste vi era l'eliminazione di personaggi pericolosi e la "pulizia" di luoghi in cui persone ritenute colpevoli di crimini erano state eliminate. Oltre a questi incarichi, Wei era il

titolare dell'Orchidea Blu, un bar notturno dove bellissime e accondiscendenti orchidee attendevano clienti dal portafoglio pesante.

Mister Hu, Giulio e Wei avevano deciso che la collaborazione con Marcel avrebbe potuto aiutare a risolvere il mistero di quei trasporti di armi in cui erano stati atrocemente assassinati dodici giovani. Chi aveva organizzato quel trasporto? Chi era al corrente dello stesso? Chi aveva interesse a fermare il trasporto e nello stesso tempo uccidere tutti quei giovani? A chi era diretto quel carico di armi? Diversi aspetti avevano convinto Hu a concedere fiducia a Marcel. Innanzitutto il suo carattere deciso e la sua voglia di rivalsa o di vendetta nei confronti di chi lo aveva messo in questa situazione. Poi Marcel era l'unico chiaramente in grado di riconoscere chi aveva organizzato il trasporto. La sua testimonianza su questo punto era importantissima. Non da ultimo la fiducia in Marcel poteva essere testimoniata dalla sua amicizia con Ami Li. Un'amicizia che risaliva a tempi non sospetti rispetto alla vicenda del trasporto dei mobili. Presa la decisione che Marcel avrebbe collaborato con loro, Mister Hu era dell'avviso che sarebbe stato necessario introdurre il bretone agli altri componenti del nuovo gruppo.

NOVE

Il Gruppo cambia pelle: Dalla lotta al traffico di organi umani a quella contro il terrorismo uiguro
Ami Li venne incaricata da Mister Hu di introdurre Marcel ai componenti del vecchio Gruppo che più di vent'anni prima era stato creato da Christos e Mister Hu. Il bretone desiderava conoscere meglio i personaggi di cui Ami Li spesso raccontava le avventure. La ragazza citava nomi che per Marcel erano di perfetti sconosciuti. Un fatto gli era però chiaro: attorno al Pinocchio si aggiravano personaggi particolari e altri, sempre legati a un fantomatico gruppo d'azione, stavano per venire a galla.

«Oggi - chiese Marcel - questa attività è ancora in atto?».

«No, tutto finì purtroppo in modo tragico. La lotta al traffico di organi umani durò per più di venti anni senza intoppi e con parecchi successi. Poi, con la morte dell'oscuro fondatore e burattinaio del gruppo, Christos venne pressato dall'alto, affinché chiudesse al più presto e senza troppo clamore l'attività degli agenti coinvolti. Il tutto, naturalmente, doveva essere eseguito con la massima discrezione che, in gergo, significava "non lasciare traccia". Paradossalmente il grande successo da loro ottenuto fu l'elemento che fece scattare la liquidazione del Gruppo stesso. Dall'alto, che significa dalla politica, Christos fu incaricato di eliminarne tutti i suoi componenti. Ordine che lui si rifiutò di eseguire. I suoi agenti erano sue creature e con il passare del tempo erano diventati suoi amici. Il *Greco* sapeva che dopo aver cancellato il gruppo, la stessa sorte sarebbe toccata a lui. Non poté però evitare che qualcuno eseguisse questa brutale missione al suo posto. Così, nello spazio di tre mesi, quattro dei giovani componenti del Gruppo vennero brutalmente assassinati. In vita rimasero Giulio Damiani e Robert Roche. In seguito Christos si ritirò ad Atene, Giulio rimase a Pechino dove mantenne la copertura che aveva creato in passato, vale a dire la gerenza del Pinocchio. Robert, di formazione avvocato, si dedicò al suo vecchio lavoro in Francia facendo la spola tra Marsiglia e Parigi. Mister Hu, da parte sua, entrò a far parte dei Servizi segreti cinesi».

«Se ho capito bene, lo stesso gruppo contro il traffico di organi umani si è ora dedicato a combattere il terrorismo uiguro».

«Proprio così. Il ruolo centrale di Mister Hu nella lotta al commercio di organi umani venne riconosciuto dal Governo cinese. Hu entrò così a pieno titolo tra i funzionari importanti dei Servizi cinesi. L'appoggio da parte delle alte sfere non venne favorito da una parentela importante come quelle dei cosiddetti "figli di principe", vale a dire figli di generali dell'esercito o di alti funzionari del Partito, ma piuttosto dall'esperienza acquisita sul terreno. Mister Hu scalò così la gerarchia dei Servizi del nostro paese. Lui poteva contare, come nessuno in Cina, su rapporti privilegiati con agenti che operano nel mondo intero e specialmente in Europa».

«Insomma - disse Marcel - l'obiettivo del nuovo gruppo è cambiato ma le persone, almeno quelle rimaste sono le stesse».

«Esatto, quando i massimi dirigenti cinesi incaricarono il Ministero della difesa di creare un'entità speciale per far fronte al terrorismo uiguro attivo dal 2013 in Cina, la scelta fu facile. Mister Hu ricevette l'incarico di creare una rete a livello nazionale e internazionale con l'obiettivo di frenare sul nascere possibili relazioni pericolose tra potenziali terroristi cinesi di prevalenza uiguri della provincia autonoma dello Xinjiang e il terrorismo internazionale, islamico in particolare».

«Cosa successe a questo punto a Christos?».

«Mister Hu gli delegò la sorveglianza dei movimenti dei cittadini uiguri in Europa sospettati di sostenere il terrorismo contro la Cina. La chiamata alle armi da parte di Hu scosse il *Greco* dal momentaneo torpore intervenuto alla fine delle attività del vecchio Gruppo. In realtà Mister Hu sapeva che Christos era stufo di fare il prepensionato che passeggia sul Pireo intento a guardare i pescatori tornare a riva carichi di branzini, orate, saraghi, ricciole, sarde e tutto il ben di Dio che il mare greco regala. Christos non esitò nemmeno un momento e si mise immediatamente in gioco».

«E io - chiese Marcel - in tutto questo cosa c'entro?».

«Tu c'entri, e parecchio, perché in questa vicenda di mezzo ci sono terroristi uiguri che hanno tentato, attraverso la tua organizzazione, di portare armi in Cina. È evidente che quanto è successo ha attirato l'attenzione di Mister Hu. Ma non è tutto. Da quanto ho capito, Mister Hu, oltre ad essere curioso di capire chi e per quale motivo ha ucciso tutti quei giovani, è soprattutto interessato a scoprire chi ha organizzato l'acquisto e il trasporto delle armi in Cina».

«Cosa mi puoi dire - chiese Marcel - riguardo all'operato dei Servizi segreti francesi in tutta questa vicenda?».

«Questo è un altro importantissimo aspetto che va decifrato. Dai rapporti delle polizie locali di Marsiglia e di Saint-Malo si nota che ad un certo punto c'è stato il pesante intervento dei Servizi francesi che hanno di fatto bloccato l'inchiesta. Mister Hu non riesce a capacitarsi per quale motivo i Servizi francesi, pur in presenza di individui di etnia uigura, non si siano fatti vivi ben sapendo che lui è direttamente responsabile della lotta al terrorismo uiguro in Cina».

DIECI

Le vicissitudini di Giulio
«E di Giulio, cosa mi puoi dire? Anche lui fa parte del nuovo gruppo contro i secessionisti uiguri?».
«Giulio è sempre stato il pupillo sia di Christos sia di Mister Hu. Fu proprio su richiesta del *Greco* che Giulio iniziò ad operare da Pechino con il preciso compito di tenere sotto osservazione quanto accadeva nei Paesi asiatici, in particolare Malesia, Indonesia, Pakistan, nazioni nelle quali si assisteva a una sistematica ricerca di organi umani da inviare nei paesi ricchi, vale a dire Paesi del Golfo, Russia, Europa e Stati Uniti. La proposta che Mister Hu ha fatto a Giulio di rientrare in gioco per la nuova missione contro il terrorismo uiguro è stata per lui una sorpresa. Prima di accettare ha dovuto riflettere a lungo, perché questa volta la differenza tra il bianco e il nero, il buono e il cattivo, si presentava meno pronunciata rispetto alla lotta contro il traffico di organi umani. Vivendo in Cina da parecchi anni Giulio ha imparato a conoscere le mosse del Governo cinese poco incline a venire a patti con chi non ha la stessa visione del mondo. Poi gli attentati terroristici di matrice uigura nel corso del 2013 e dell'inizio del 2014 effettuati dalle frange più oltranziste degli uiguri che hanno visto la morte di persone che nulla c'entravano con la lotta per la secessione dello Xinjiang, lo hanno convinto ad accettare l'offerta dei suoi due mentori. In quegli attentati commessi nei mercati delle città dentro e fuori lo Xinjiang sono morte persone la cui unica colpa è stata di trovarsi nel luogo sbagliato al momento sbagliato. I

legami che i terroristi uiguri stanno cucendo con gli jihadisti europei e con i capi del Califfato Islamico lo hanno convinto a schierarsi dalla parte dell'antiterrorismo cinese».

«Dunque il lavoro di Giulio come gerente e proprietario del Pinocchio è semplicemente una copertura?».

«Sì, è sempre stata una copertura fin da quando Giulio è arrivato a Pechino. Ma non solo. Come tu stesso hai potuto constatare, il Club è anche una fonte inesauribile di frequentazioni e di informazioni. Tieni presente che al Pinocchio transitano molti stranieri, specialmente russi e abitanti delle repubbliche dell'ex Unione Sovietica. Il locale di Giulio era ed è ancora un luogo di osservazione privilegiato per ogni genere di attività. Dal traffico di droga a quello delle armi».

«Non immaginavo che Giulio potesse essere così importante per il vostro gruppo. Da quando ho iniziato a frequentare il Pinocchio mi sembra piuttosto schivo, come se nulla lo interessi veramente».

«Bravo il mio bretone, sei un eccellente osservatore. Quella di Giulio non è sempre stata una vita felice. In particolare negli ultimi momenti di attività del vecchio Gruppo, quando ha visto i suoi amici uccisi uno dopo l'altro. La tristezza di Giulio è inoltre legata a un grave fatto successo diversi anni fa quando il vecchio Gruppo era ancora in piena azione».

Ami Li racconta a Marcel le vicissitudini di Giulio.

«Era l'inizio del 1995, anno del Maiale. Appena giunto a Pechino e dopo pochi mesi dall'inizio del compito di osservatore per Christos e Mister Hu, Giulio aveva conosciuto una giovane donna uzbeka al *Chocolate*, una grande discoteca molto frequentata nel quartiere russo della Capitale. Lei si faceva chiamare Zoya, aveva diciannove anni e lui ventotto. Lui già attivo nel gruppo di Hu e di Christos, lei intratteneva al *Chocolate* facoltosi avventori. Zoya - da quanto mi raccontò Giulio - aveva il grande pregio di saper ascoltare, un'arma importante che le permetteva di conquistare più delle altre ragazze i clienti del locale in cerca di compagnia. Giulio aveva immediatamente scoperto quali vantaggi, se ben istruita, la ragazza avrebbe potuto apportare al suo lavoro. Uno dei compiti di Giulio era quello di tenere sotto osservazione stranieri che passavano da Pechino e che erano stati segnalati come possibili trafficanti di organi umani. In questa sua missione aveva costruito una rete di osservatori che lo informavano della presenza a Pechino di personaggi particolari e potenzialmente pericolosi».

«Come mai - chiese Marcel - il *Chocolate* era diventato un luogo così importante di osservazione?».

«Come ben sai, la gente implicata nei vari traffici proibiti, di solito non frequenta le parrocchie di quartiere ma piuttosto locali di divertimento. Agli occhi di Giulio Zoya, vista la sua particolare occupazione al *Chocolate* e le sue doti di seduzione, era diventata un tassello importante per osservare e carpire segreti a personaggi della mafia russa attivi in quel disdicevole traffico. Con il passare del tempo la relazione tra i due, inizialmente improntata sul lavoro, diventò sempre più complessa e delicata. Con lei Giulio aveva stabilito un rapporto di confidenza. Da lei andava, oltre che per il lavoro, anche quando sentiva il bisogno di confidare i suoi pensieri a un'amica. Zoya aveva la capacità di ascoltarlo e di sollevargli il morale. In alcune occasioni Giulio si era confidato con Zoya al di là del lecito. Dopo alcuni anni di stretta e proficua collaborazione, durante i quali Giulio le aveva fatto nomi e descritto attività illecite di suoi clienti, Zoya si era improvvisamente venduta al nemico. Giulio non capì se lo avesse fatto per soldi o perché in qualche modo fosse stata ricattata. Malauguratamente il suo tradimento provocò l'eliminazione di tre componenti del gruppo».

«Cosa ha fatto di preciso Zoya?» - chiese Marcel.

«Zoya ha vigliaccamente carpito informazioni dalle confidenze di Giulio sui luoghi in cui i suoi amici si trovavano. Consegnate le coordinate a esponenti della mafia russa, i tre vennero barbaramente uccisi. Giulio si confidò con Mister Hu e Christos e la sentenza di morte per Zoya venne decretata. Il compito di eliminare Zoya venne dato a Charles Wei, l'uomo di fiducia di Mister Hu per questo tipo di lavori, ma Giulio decise diversamente. Zoya lo aveva tradito e spettava a lui eliminarla.

«Giulio mi raccontò che in quella notte del mese di settembre del 2010, verso le tre del mattino, entrò al *Chocolate*. Salutò il nano in divisa da giullare che accoglieva i clienti al portone. Scese la ripida scala mobile fino al grande locale sottostante dal quale saliva la musica dal volume sempre troppo forte e fastidioso. Zoya lo vide venire verso di lei. Quando Giulio la raggiunse al tavolo lei capì che il suo tradimento era stato scoperto. Alcuni anni erano passati dal loro primo incontro ma la ragazza, anzi la donna uzbeka, era ancora bellissima con quei capelli e quegli occhi di un nero incredibile».

Marcel era incantato dal racconto di Ami Li.
«Mamma mia, Ami Li, che storia mi stai raccontando».
«Il bello, o meglio il brutto, deve ancora venire. Senza dire nulla, Giulio si sedette vicino a lei e l'attirò a sé. Le sussurrò che aveva scoperto il suo tradimento e che la sua azione aveva causato la morte di tre dei suoi amici. Lei non disse nulla, ma il respiro le venne a mancare. Sapeva che un giorno la verità sarebbe venuta a galla. Giulio spense la lampada sul tavolino d'angolo vicino al quale Zoya era seduta. Quella volta l'oscurità generata non fu per nascondere i giochi intimi con i clienti. Giulio le strinse il collo. La giovane uzbeca

non fece nulla per difendersi. Nei grandi occhi neri che lentamente si spegnevano Giulio immaginò la consapevolezza e la rassegnazione per quanto le stava inevitabilmente accadendo, la tristezza per averlo ingannato e l'impossibilità di fargli sapere che, malgrado le tante menzogne e il terribile tradimento, l'affetto per lui era sempre stato sincero. Giulio rimase qualche minuto abbracciato alla donna che aveva ormai smesso di respirare. L'oscurità del locale e l'abbraccio mortale poteva essere confuso con un'effusione d'affetto. Giulio si alzò, salì la scala che portava all'uscita evitando di farsi notare. A quell'ora l'oscurità del locale e la vodka, che da ore scorreva a fiumi, appannava la vista degli avventori e gli uomini preposti alla sorveglianza erano occupati a sedare le risse che di tanto in tanto scoppiavano tra i clienti. Charles Wei, incaricato da Mister Hu di seguire i movimenti di Giulio, lo attendeva in cima alla scala del locale, lo prese sottobraccio, lo portò di forza nella sua auto e partì a tutta velocità in direzione dell'Orchidea Blu. Da quella notte Giulio continua a rivedere in sogno quella scena. Nemmeno l'alcool lo aiuta a dimenticare».

«Ma poi - chiese Marcel - si è in seguito ripreso da quel brutto episodio?».

«Sì, certo. In particolare grazie all'aiuto dei suoi amici, come Mister Hu e Wei a Pechino e Robert in Francia».

Marcel aveva ascoltato quella triste storia in assoluto silenzio. Da quel giorno avrebbe guardato Giulio con altri occhi.

UNDICI

Pechino, martedì 2 dicembre 2014
Era una giornata d'inizio dicembre limpida e fredda. A Pechino non pioveva da ormai due mesi. Marcel e Ami Li avevano deciso di sfidare il freddo passeggiando per qualche ora nelle stradine del Ritan Park nelle vicinanze del vecchio quartiere delle ambasciate. Entrambi avevano bisogno di un momento di tranquillità. La brutta esperienza vissuta da Marcel e il coinvolgimento di Ami Li voluto da Mister Hu nella faccenda dei terroristi uiguri li aveva obbligati ad abbandonare per il momento le loro abitudini che Marcel chiamava romantico-culinarie. La giovane cinese era sempre più invaghita del bretone ma non osava mostrarlo in modo troppo evidente, perché aveva paura che lui si sentisse assediato dalle sue attenzioni. Marcel era stanco di attendere che la polizia francese e quella cinese mettessero fine alla storia che lo aveva coinvolto. Ogni volta che rifletteva su quanto accaduto la rabbia gli saliva fino in gola. Mister Hu gli aveva detto che lo riteneva estraneo al traffico di armi organizzato dai terroristi uiguri e, grazie alla sua relazione con Ami Li, come pure alla sua evidente voglia di vendetta, intendeva farlo attivamente partecipare ad una nuova inchiesta.

«Ami Li, non ne posso più di rimanere con le mani in mano. - sbottò Marcel - In ballo c'è la sopravvivenza della mia azienda. Devo assolutamente parlare con i miei corrispondenti a Marsiglia e a Le Havre. Devo spiegare loro quello che è successo, in modo che capiscano che la mia società non c'entra nulla con questa vicenda. Più tempo passa, più la mia reputazione se ne va a ramengo. Devo discutere di tutto quello che è successo con i broker e gli assicuratori navali francesi. Ogni giorno che passa perdo un mucchio di soldi. E poi l'idea che qualcuno si sia preso gioco di me mi fa imbestialire. Vorrei poter discutere dell'accaduto anche con la polizia francese. Da quello che ho capito sembra ci sia stata una meticolosa opera di insabbiamento».

«Ti capisco, Marcel, comunque la tua fretta di risolvere la situazione va alla pari con quella di Mister Hu al quale, detto brutalmente, non interessa conoscere chi ha ucciso i giovani uiguri. Quello che gli importa è sapere chi ha organizzato il fallito trasporto di armi verso la Cina. Per lui, come già ti ho detto, è imperativo chiudere quel pericoloso canale. In altre parole, si chiede Hu, chissà quante armi dall'Europa sono entrate in Cina nei mesi scorsi. L'uccisione di giovani uiguri, mi ha detto Mister Hu, è un problema degli stessi uiguri e non dei cinesi. Comunque è chiaro che le carneficine in quel di Marsiglia e Saint-Malo sono talmente cruente che devono essere state disegnate da professionisti del crimine e non unicamente da trafficanti di armi che normalmente si muovono senza fare troppo rumore».

Dopo la salutare passeggiata al Ritan Park, Marcel e Ami Li decisero di prendere un aperitivo nel piccolo bar di un amico italiano al piano terreno del Mercato della Seta, nel quartiere di YonganLi ai bordi della grande strada che separa idealmente il Nord dal Sud di Pechino. Ami Li e Marcel cenarono poi in un ristorante chiamato *Mansu*, o Ristorante dell'Imperatore a due passi dall'amico italiano. Una cucina speciale quella del *Mansu*, che poco aveva a che fare con quella tradizionale pechinese e cinese in generale. In quel ristorante tutte le pietanze avevano un piacevole retrogusto di miele. Terminata la cena, come ormai d'abitudine, si recarono al Pinocchio per il bicchiere della staffa. Anzi i bicchieri della staffa, visto che quella sera Giulio e Mister Hu decisero di celebrare a suon di cognac francese il battesimo di Marcel, o meglio la sua entrata nel gruppo.

Mister Hu si aspettava da Marcel un atteggiamento di rivalsa e di vendetta. Il *Cinese* aveva capito che il francese non avrebbe lasciato passare un fatto così grave senza reagire. Constatata la forte volontà di Marcel di prendere in mano la situazione e mettere le mani su chi gli aveva causato seri guai, decise di lasciarlo partire per la Francia, come lui desiderava. Lo convocò nei suoi uffici e gli consegnò il passaporto.

«Appena arrivi a Parigi - gli aveva detto il *Cinese* - mi comunicherai il tuo numero di telefono francese in modo che io possa riferirlo a Robert, il mio uomo in Francia. Al momento lui si trova a Marsiglia. Appena possibile ti contatterà. Attenzione, Marcel, se tu non ti farai sentire, lui ti troverà ovunque tu sarai».

Robert Roche, francese di Marsiglia
Robert, che Marcel avrebbe presto incontrato a Marsiglia, era considerato l'intellettuale del vecchio Gruppo. Era nato a Marsiglia dove aveva vissuto fino a diciotto anni con i suoi genitori. Trascorrere l'adolescenza in una città come quella significava crescere in fretta. La grande città portuale francese era un vero e proprio laboratorio dal quale si poteva uscire con il carattere forte e in grado di resistere a tutte le intemperie della vita o piegati dalle cattive esperienze. A diciotto anni, dopo gli studi liceali, i suoi genitori, anche per evitare il rischio di sbandate dell'ultima ora, lo avevano mandato a studiare al nord. Dopo due anni ben spesi presso l'Università di Lione decise di approfittare dell'opportunità offerta dal Royal Corinthian Hotel di Londra per uno stage di lavoro. In quell'albergo un tale di nome Christos, sotto le

mentite spoglie di Capo concierge, determinò il suo futuro. Al Corinthian Robert conobbe Giulio e gli altri componenti del futuro gruppo. Il compito ufficiale di Christos di preparare giovani al lavoro di concierge nascondeva una missione ben più importante e pericolosa. Il *Greco*, così lo chiamavano i ragazzi della sua brigata all'interno del grande albergo, cercava giovani con capacità particolari da formare per diventare osservatori nella lotta al traffico di organi umani. In quell'anno, che Christos definì particolarmente fortunato, i giovani, che poi sarebbero stati formati e ingaggiati dal *Greco*, furono ben sei. Già capace di suo, sotto la guida di Christos il giovane marsigliese era sbocciato pienamente.

Le piazzette intorno al porto turistico dove servivano le cozze al vino bianco e panna e i caffè sulla *Canabière* erano, di giorno, i luoghi preferiti di Robert a Marsiglia. Di sera e di notte il lavoro di osservatore lo obbligava spesso a frequentare locali di dubbia reputazione. Negli ultimi anni Robert si era spesso recato a Parigi, dove la sua presenza era considerata vitale da Christos. Il *Greco* apprezzava in particolare la sua capacità di inserirsi senza essere notato in ambienti borghesi e aristocratici, ma pericolosi almeno quanto quelli dei sobborghi di Marsiglia. Nell'ambito della sua attività di avvocato Robert si era ritagliato un certo spazio sia a Marsiglia sia nella Capitale nella difesa di personaggi poco raccomandabili in grado di conoscere aspetti e ambienti altrimenti difficili da penetrare. Dall'apparenza compassata, sul lavoro sapeva essere spietato, tanto che più in là nel tempo, in diverse occasioni Christos aveva dovuto richiamarlo all'ordine ricordandogli che il verbo più importante da utilizzare nel suo lavoro era osservare e non eliminare. In alcuni casi gli individui sospettati di traffico di organi umani, ma che avevano trovato appigli legali per sfuggire alla prigione erano spariti nel nulla durante l'inchiesta.

DODICI

Parigi, giovedì 4 dicembre 2014
A Parigi Marcel scelse un piccolo albergo di proprietà di amici bretoni in una stradina vicino all'*Opéra*. Durante le sue scampagnate giovanili nella *Ville Lumière* ci andava in estate quando si poteva passeggiare nelle strade, girare nei parchi, sedersi sulle terrazze dei caffè e ristoranti a gustarsi le *brioches* a colazione, le *baguettes* con il formaggio a pranzo e la sera un succulento *Plateau Royal* composto da diverse qualità di crostacei posati su di un letto di ghiaccio. Preso dai pensieri su quanto accaduto a Pechino e su quanto lo aspettava in Francia, Marcel non aveva chiuso occhio per tutto il volo.

Giunto in albergo nel tardo pomeriggio, in attesa di uscire per cena, si buttò sul letto e si lasciò ipnotizzare dal vecchio ventilatore appeso al soffitto munito di eliche di legno che d'estate permetteva di mitigare il grande caldo. Dal clima freddo di Pechino era passato a quello altrettanto freddo di Parigi. Due città dal clima continentale, calde d'estate e fredde d'inverno.

Il giorno seguente, Marcel si svegliò presto e, ancora a letto, si gustava i rumori di fondo della città: l'inconfondibile sibilo dei camion dei rifiuti che verso quell'ora iniziavano il loro faticoso ma prezioso lavoro. Da lontano invece giungeva il rumore delle prime automobili che si dirigevano verso la *Place de l'Opéra*. "*Il est cinq heures, Paris s'éveille...*" la canzone di Jacques Dutronc gli tornò in mente e con essa tanti ricordi di giornate trascorse a Parigi. Quella canzone gli fece venire una gran voglia di telefonare ad Ami Li. L'orario era giusto. A Pechino era circa mezzogiorno.

«Ciao Ami Li, eccomi finalmente a Parigi. Non ti devo spiegare nulla perché suppongo che tramite il tam tam del vostro gruppo tu sia già informata sui miei prossimi impegni. Comunque a Parigi, appena finita questa storia ci veniamo insieme. Mi manchi molto e vorrei che fossi qui con me. Hu mi ha detto che devo incontrare un tale Robert... che tu conosci. Non so come sia, ma Hu me l'ha descritto come uno un po' strano. Speriamo di andare d'accordo. Tu come stai?».

«Io sto bene, anche tu mi manchi. Per niente al mondo rinuncerei ad andare a Parigi con te. Sono sicura che saresti la migliore guida di Francia. Riguardo a Robert, ho sentito parlare di lui ma non l'ho mai conosciuto personalmente. So che è molto apprezzato da tutti. Sono contenta che Hu abbia deciso di fartelo conoscere. Questo significa che non ha più dubbi sulla tua estraneità a questa vicenda. Mi raccomando, chiamami ogni volta che cambi luogo e fammi sapere come vanno le cose. Sono preoccupata per te... e per noi».

«Perché sei preoccupata per noi? Cosa succede?».

«Sciocco. Ho paura che le ragazze francesi ti saltino al collo e che tu finirai per dimenticarmi».

Dalla camera dell'albergo si udiva il rumore delle saracinesche dei negozi vicini e il parlottare dei proprietari che si scambiavano pareri sul tempo, sulla crisi economica che porta la gente a spendere meno, sulla nuova amante del Presidente Hollande e sulle poco trasparenti vicende di Sarkozy.

Ecco perché a Marcel piaceva dormire nei piccoli alberghi di cui erano piene le stradine laterali dei quartieri della città. Si alzò, scese in strada, salutò un paio di persone che stavano pulendo l'entrata dei propri negozi e andò a caccia di odori che da tempo non sentiva più, come quelli delle panetterie e pasticcerie. Alla mente gli tornarono i mercati a nord della Capitale, quelli delle spezie dei mercati arabi e africani di Barbès Rochechouart, così diverse da quelli cinesi dove da padrone la facevano l'aglio e lo zenzero.

Anche i rumori delle due capitali erano diversi.

A Pechino quelli dei bus con il rumore sordo dei motori con il cambio automatico carichi dei primi lavoratori che entrano a milioni in città. A Parigi sulle strade l'incessante suono dei clacson degli automobilisti sempre di fretta per recarsi al lavoro e, nei sotterranei, il sibilo delle ruote di gomma dei vagoni della metropolitana.

L'atmosfera di Parigi gli fece dimenticare per un momento l'arrabbiatura e il motivo per il quale era tornato in Francia. Verso mezzogiorno, dopo un giro nel *Jardin du Luxembourg*, che segnava il limite tra il quartiere di *Saint-Germain-des-Prés* e il quartiere Latino, dove spesso aveva trascorso interi pomeriggi d'estate all'ombra dei grandi alberi, pranzò a base di omelette al prosciutto, formaggio di capra e un paio di bicchieri di vino rosso novello. Verso sera fu investito da un velo di tristezza. Decise così di consultare la lista di indirizzi parigini di suoi vecchi conoscenti nella speranza che fossero ancora attuali.

Fece qualche telefonata e in men che non si dica riunì alcuni amici per una serata all'insegna della momentanea rimpatriata. Gli sembrò che il tempo si fosse fermato. La serata non voleva aver un tono goliardico, perché per queste cose non aveva più l'età. Piuttosto qualche cosa di intimo in un buon ristorante, naturalmente bretone, con finale di serata in un locale dove suonavano buona musica. Quella sera con gli amici fece le ore piccole e fu molto piacevole.

TREDICI

Marsiglia, Sabato 6 dicembre 2014
Giunto a Marsiglia Marcel contattò immediatamente Robert.
«Buongiorno, sono Marcel... Marcel Girard, ho avuto il numero del suo cellulare da Mister Hu di Pechino. Mi ha chiesto di chiamarla appena fossi arrivato a Marsiglia».
«Ben arrivato, Marcel, so che sei *all'Hotel Rose* in *Cours Julien*. Bella scelta, aspettami al *Caffè Marius*, di fronte al tuo albergo».
«Scusa, ma come fai a sapere che sono già in città e dove alloggio? Come ti riconosco quando sei qui?».
«Non ti preoccupare, arrivo in sella a una grossa moto e ho un casco rosso».
Robert arrivò effettivamente in sella a una potente motocicletta che subito attirò l'attenzione di Marcel, pure lui amante di moto di grossa cilindrata. Il bretone gli andò incontro.
«Finalmente ci incontriamo» disse Robert dopo essersi liberato del casco.
«Buongiorno, ma come hai fatto a riconoscermi se non ci siamo mai visti?».
«Per la verità ho in tasca qualche tua foto. Non ti offendere, ma dalle fotografie in bianco e nero che mi sono state mostrate vieni meglio di profilo».
Terminata una prima fase di studio reciproco i due parlarono dei rispettivi luoghi di provenienza in Francia, delle persone che Robert conosceva da una vita e che Marcel aveva appena conosciuto. Entrambi erano estroversi ed empatici

e questo facilitò il primo scambio di vedute. Dopo i soliti preamboli, piuttosto lunghi in questo caso perché i due trovarono piacere ad accennare alle loro storie personali, seduti a un tavolino della terrazza del *Caffè Marius*, Marcel, sollecitato da Robert, illustrò la sua paradossale e sfortunata avventura iniziata con l'incontro con quella donna all'albergo Ritz. Riferì del suo arresto e dell'incontro con Mister Hu. Marcel e Robert analizzarono con attenzione la situazione e definirono la strategia per le settimane seguenti. Era quello che Mister Hu aveva chiesto loro di intraprendere.

«Sono curioso di sapere da te cosa pensi si nasconda dietro tutto questo casino che ti è capitato».

«Buona domanda. A parte il fatto di essere stato usato, ho l'impressione di non essere stato scelto a caso. Vero è che sono uno spedizioniere navale, vero è che sono francese e lavoro in particolare con la Francia, ma nessuno mi leva dalla testa che quella donna mi abbia scelto per un motivo preciso che al momento non riesco a decifrare. Comunque è chiaro che sono stato subdolamente usato. Se mi chiedi di sensazioni ti posso dire che a pelle penso che siamo di fronte a una persona pericolosa, abituata a mentire e a tramare».

Marcel si fermò un momento. La rabbia gli stava salendo in corpo.

«Mister Hu sostiene che la donna abbia usato il suo fascino per ingannarmi e io mi sono fatto prendere come un allocco. Purtroppo, penso che in parte abbia ragione. Accidenti a lei e anche a lui».

«In quel periodo - chiese Robert - altre persone ti hanno avvicinato per motivi che hai magari ritenuto futili? In altre parole hai avuto altri incontri nel recente passato che potrebbero essere legati a questa storia?».

«No, ci ho pensato a lungo, ho rivisto tutti i dossier di lavoro. Credo proprio che tutto sia focalizzato su questo avvenimento».

Marcel si era sfogato e ora si sentiva meglio. Robert pensò a quello che gli aveva detto Mister Hu, vale a dire che Marcel, dopo un primo momento di imbarazzo e confusione, era entrato in uno stato di rabbia e di voglia di vendetta. Un bel connubio di sensazioni che aveva convinto Hu ad aiutarlo utilizzandolo nella ricerca della verità.

«Dimmi, Robert, hai già pensato a come procedere? Mister Hu ti ha dato indicazioni oppure tocca a noi sbrigarcela al meglio?».

«Un po' tutte e due le cose. Mister Hu parla spesso di fantasia organizzata. Sembra un controsenso, ma, se ci pensi bene, c'è un fondo di verità. Certo, tutto è chiaro ma non così semplice. Il piano consiste nel ripercorrere nei minimi dettagli quanto accaduto a Marsiglia e a Saint-Malo. La polizia francese, quella locale, grazie all'intervento di Hu, ci darà accesso ai risultati delle loro inchieste. Da quello che mi ha detto i rapporti della polizia sono abbastanza ben redatti, ma purtroppo gli inquirenti sono stati fermati proprio sul più bello. Una cosa molto strana. La nostra prima missione è scoprire chi ha fornito le armi ai giovani francesi e uiguri e chi le ha acquistate e pagate. In secondo luogo, dobbiamo scoprire chi ha ucciso i giovani saliti sul Tir e quelli trovati nell'appartamento di Saint-Malo. Da ultimo, si tratta di verificare come mai a un certo momento la polizia di Marsiglia e di Saint-Malo, con l'avallo della Centrale di Parigi, sia stata fermata dai Servizi segreti francesi che a loro volta hanno poi insabbiato i fatti. Gli inquirenti di Marsiglia e di Saint-Malo ci hanno promesso la loro collaborazione. Questa volta senza consultare la Centrale di Parigi o altre strane istituzioni».

«Abbiamo carta bianca da Pechino?».

«Tutta la carta bianca che vogliamo - disse Robert sorridendo - ora però basta lavoro, facciamo un po' di festa. Qui a Marsiglia, come tu ben sai, non mancano i posti per divertirsi e per una sera dimenticherai la tua bella fidanzata cinese».

Poi aggiunse:

«A proposito di Pechino, per caso Hu ti ha fatto incontrare Giulio?».

«Sì, l'ho conosciuto» - rispose Marcel che incominciava a mettere a fuoco il cerchio dei personaggi che ruotavano attorno a Mister Hu.

Poi Robert, su richiesta di Marcel, raccontò del Gruppo nato in Inghilterra nel lontano 1989, del greco di nome Christos Katidis e degli amici morti assassinati. Di sicuro Mister Hu avrebbe approvato queste confidenze. Il bretone ordinò due aperitivi a base di *pastis* e cenarono con un cesto di *moules marinière* e patate fritte. Terminata la cena, Marcel sentì il bisogno di recarsi in camera per un bagno ristoratore. I due si salutarono e si diedero appuntamento al *Bar de la Tarantule* all'inizio della *Canabière*, la strada che parte dal vecchio porto di Marsiglia, il cui nome deriva dal fatto che già dal sedicesimo secolo vi erano molte botteghe di artigiani che producevano corde di canapa per le barche.

Il clima di Marsiglia era più mite rispetto a quello di Parigi. L'aria era umida e sapeva di mare. Il mare di Marcel, quello del nord della Francia, era diverso, senza odori, salvo quando la marea era bassa e il vento sapeva di conchiglie e alghe che coprivano la riva.

Il giorno dopo, appena ripresosi dai bagordi, Marcel ricevette dal portiere del piccolo albergo in *Cours Julien* una busta di Robert sulla quale c'era scritto: "Bentornato alla realtà, ti passo a prendere fra un'ora". Marcel aprì la busta. Era nello stesso tempo curioso e spaventato all'idea di aver detto chissà quale cavolata in preda all'alcool. Niente di tutto ciò.

La busta conteneva un piano dettagliato, indirizzato a Hu e a Giulio su quanto lui e Marcel avrebbero intrapreso nei giorni seguenti. Leggendo quello scritto Marcel capì il vero significato di "fantasia organizzata".

QUATTORDICI

Marsiglia e Aix-en-Provence, domenica 7 dicembre 2014
Robert e Marcel iniziarono a indagare sui fatti di Marsiglia. Forti del lasciapassare che la polizia francese aveva concesso loro attraverso l'intercessione di Mister Hu, poterono parlare con gli inquirenti che avevano seguito il caso e avere accesso alla preziosa trascrizione degli interrogatori delle persone coinvolte nella brutta faccenda. Robert non riusciva a capacitarsi di come un fatto così anomalo e inquietante fosse stato prima sottratto in malo modo dalle mani degli inquirenti e in seguito tranquillamente insabbiato.

«C'è puzza di bruciato - disse Marcel - è evidente che qualcuno deve essere intervenuto da molto in alto mettendo un lucchetto alla faccenda. Se poi risulta che anche i servizi segreti francesi hanno congelato il caso, allora qui non si tratta di incompetenza, ma di marcio bello e buono».

«Per questo - sottolineò Robert - tu e io indagheremo per nostro conto sia a Marsiglia sia a Saint-Malo. Con molta attenzione, perché mi sembra ovvio che qualcuno, come è capitato agli inquirenti del posto, cercherà di renderci la vita difficile».

Per Robert e Marcel l'inizio delle indagini si basò su di un fatto chiaro: gli assassini erano ormai uccel di bosco. L'unico rimasto, autore o testimone che fosse, era l'autista dell'autotreno che trasportava le casse piene di armi. Come diceva il rapporto di polizia, i sei ragazzi erano stati trovati assassinati sui sedili della cabina del Tir che trasportava un carico di armi e munizioni. Le vittime avevano un unico denominatore comune: la fede per un Islam che, visto il carico che trasportavano, non poteva essere che radicale.

Leggendo il rapporto di polizia ai due fu chiaro che ai giovani non era stata data la minima opportunità di reagire. Gli assassini, almeno due, erano saliti sul Tir, con la minaccia delle armi avevano trascinato l'autista fuori dalla cabina di guida e avevano sparato all'impazzata sui giovani con un fucile mitragliatore. Sempre nel rapporto si diceva che gli esecutori della mattanza erano probabilmente professionisti. Molti dettagli di quanto accaduto erano stati forniti agli inquirenti di Marsiglia dall'autista del Tir, unico testimone diretto, malmenato, legato e abbandonato nel bosco vicino.

A questo punto i due decisero che l'indagine doveva per forza di cose iniziare con un'ulteriore chiacchierata con l'autista del Tir che, dopo essere stato interrogato e tenuto in cella per qualche giorno, era tornato a piede libero con il divieto di lasciare il paese. Secondo gli inquirenti l'uomo sembrava estraneo ai fatti, ma era evidente che sul luogo del delitto, oltre ai morti e agli assassini, c'era solo lui. Quanto raccontato dall'uomo poteva corrispondere a verità o poteva essere una storia inventata di sana pianta.

«Sono curioso di capire se quest'uomo, che apparentemente si vende come semplice di spirito - disse Marcel – sia in grado di immaginare, o almeno abbia in qualche modo partecipato a una storia dal canovaccio così complicato».

«Da quanto ho capito - continuò Marcel - l'esame su eventuali residui di polvere da sparo sulle mani del camionista aveva escluso che fosse stato lui a sparare. Sul luogo del pluriomicidio, nell'arco di trecento metri, non erano stati trovati guanti che avrebbero potuto essere stati usati per evitare eventuali residui di polvere. Inoltre il modo in cui l'autista era stato legato e imbavagliato certificava la presenza di altri individui. Così almeno figurava nel rapporto di polizia».

«Vediamo di strigliarlo per bene, – suggerì Robert - solo lui è in grado di darci qualche spunto importante su quanto accaduto quel giorno».

L'indagine della polizia sulla vita del camionista non aveva rivelato nulla di particolare. Sposato, due figli, la fedina penale immacolata, non aveva debiti per essere ricattato o risparmi talmente cospicui da essere di dubbia provenienza e le sue frequentazioni fino a quel momento erano risultate senza storia.

Su richiesta di Robert e Marcel, l'autista venne convocato nella sede della polizia del Porto di Marsiglia, portato in una sala per gli interrogatori e lasciato da solo per circa mezz'ora senza poter bere né fumare. Poi Robert entrò senza salutare e iniziò l'interrogatorio. Marcel seguì la scena dalla finestra a specchio.

«Se non vuoi marcire in prigione per il resto della tua vita dimmi perché hai o avete ucciso quei ragazzi, dimmi chi vi ha dato l'ordine. Dammi i nomi dei tuoi complici, dimmi dove hai nascosto i fucili mitragliatori usati per ammazzare i sei».

L'uomo, già teso per proprio conto, si irrigidì e guardò Robert come se fosse un marziano. Non si aspettava un approccio del genere, specialmente dopo che la polizia lo aveva lasciato a piede libero. Preso alla sprovvista dall'aggressività di Robert era sbiancato in volto e gli occhi sembravano uscirgli dalle orbite. Dopo qualche secondo di silenzio, sul punto di stramazzare a terra, lanciò una sommessa richiesta di aiuto, probabilmente indirizzato a chi dalla speciale finestra osservava l'interrogatorio. Poi, con un filo di voce tentò di replicare.

«Sono una vittima e non un assassino, l'ho già detto e

ripetuto ai suoi colleghi. Perché mi perseguitate ancora con questa storia? Sono un uomo tranquillo e non ho mai fatto male a nessuno. Faccio bene il mio lavoro e questo lo possono testimoniare i miei capi».

Più che una ribellione, quella dell'autista, sembrò un'invocazione. Robert prese atto dell'effetto che le sue accuse avevano avuto sull'uomo. Lui non lo sapeva, ma la sua reazione di sgomento parlava a suo favore. L'uomo ebbe tutta la simpatia di Marcel che seguiva la scena da fuori. In fondo quel povero malcapitato stava subendo quello che lui aveva sperimentato nella prigione cinese dove aveva incontrato Mister Hu per la prima volta. Poi Robert dal bastone passò con estrema disinvoltura alla carota. Chiese a uno dei poliziotti che sorvegliava l'interrogatorio di portare panini, sigarette, bibite e caffè e fece cenno a Marcel di raggiungerlo nella saletta. Dopo averlo rifocillato e vedendolo finalmente più rilassato, Robert riprese l'interrogatorio, questa volta dimostrando più comprensione. Esattamente come era capitato a Marcel a Pechino, con il piglio aggressivo del primo funzionario di polizia e poi con i modi più amichevoli di Mister Hu.

«Allora, amico mio, qual è il tuo nome?».

«Mi chiamo Antoine».

«Va bene, Antoine, ascoltami con attenzione. Pensa con calma a tutti i dettagli, anche ai più insignificanti, di cui ti ricordi. Nell'interrogatorio della polizia hai detto di aver visto, anzi intravisto, sui sedili posteriori dell'automobile che si era fermata vicino al tuo Tir, tre o quattro individui. Ce li puoi descrivere?».

«Non è facile, i vetri erano scuri e si vedevano soltanto delle ombre. Vi è stato solo un momento in cui ho intravisto qualche cosa, quando per un attimo hanno abbassato i vetri a metà».

«Va bene, hai detto comunque che erano tipi tosti e che uno di questi individui aveva lunghi capelli neri».

«Sì, è vero, questo me lo ricordo».

«Vedi, Antoine, - disse Robert - che se rifletti bene ci puoi essere di grande aiuto».

Il pover'uomo sembrava rinascere. Chiamarlo per nome aveva avuto su di lui un effetto benefico. Invece di essere confuso dalla tempesta di domande, sembrava apprezzare il modo di interrogare del francese. Poi Robert decise di porre domande puntuali. L'obiettivo era creare, attraverso le risposte dell'autista, un *identikit* delle persone presenti sul luogo dell'assassinio.

«Il viso di quel tale con i capelli lunghi, poteva essere di tipo orientale?».

«Sì, adesso che ci penso, quella persona seduta dietro in macchina avrebbe potuto essere orientale».

«Cosa significa per te orientale?».

«Non proprio come cinese, ma magari malese o indonesiano».

«Come mai conosci le fisionomie delle persone di queste regioni?».

«Sono nato e ho vissuto a Marsiglia vicino al porto e qui si incontrano persone che provengono da tutto il mondo. La gente che lavora sulle navi da trasporto viene spesso da quelle parti».

Marcel conosceva bene quel mondo e concordò mentalmente con quanto stava dicendo l'autista.

«Quell'uomo dai capelli lunghi ti sembrava giovane o più in là negli anni?»

«Non lo so, non ricordo bene. Non era però una persona giovanissima. Insomma, non era come i ragazzi che sono stati uccisi».

«Ti sembrava fosse lui al comando dell'operazione?».

«Questo sì, sembrava che quegli uomini attendessero i suoi ordini o che volessero accertarsi che quello che stavano facendo fosse la cosa giusta, ma non ho visto molto perché mi hanno portato via prima del massacro. Comunque, da quanto ho potuto vedere, gli uomini sembravano attendere ordini dalla persona seduta in automobile. Ecco, ora che mi ricordo, in quel momento, non so per quale motivo, pensai che quella persona avrebbe potuto essere una donna».

«Pensaci bene, cosa ti ha fatto credere che potesse essere una donna?».

«Ricordo che nel momento in cui ha abbassato il finestrino per dare ordini ai suoi uomini mi è sembrato di vedere un viso più fine rispetto a quelli maschili e anche gli occhi mi sembravano, come si dice, truccati come quelli delle donne. Ricordo che erano grandi».

«Chi, cosa, erano grandi?».

«Gli occhi di quella persona… grandi e neri. Penso poteva essere una donna. Dimenticavo, i capelli di quella persona in auto mi sono sembrati parecchio lunghi per essere quelli di un uomo. Ma oggi molti uomini portano i capelli lunghi… non so, forse mi sto confondendo».

«Perché allora se hai avuto questa impressione non l'hai detto ai poliziotti che ti hanno interrogato?».

«Non lo so, loro non mi hanno chiesto nulla».

«Gli uomini che ti hanno strattonato giù dal camion e che ti hanno trascinato nel bosco parlavano francese o un'altra lingua? Ti sembravano francesi, intendo di quelli veri?».

Quella asserzione di Robert sui francesi veri o meno veri fece sorridere l'autista. Lui si sentiva un francese vero, non come quei tanti arrivati dagli ex territori francesi. Robert lo aveva previsto e la domanda aveva sortito l'effetto desiderato vale a dire di farselo amico. Un amico con il quale confidarsi.

«Non erano proprio francesi veri come noi. Non erano

nemmeno algerini, marocchini o tunisini, quelli li conosco bene. Ricordo che erano alti e possenti, avevano la pelle un po' scura, ma i loro visi erano diversi rispetto a quelli del Nord Africa».

«Ma come, erano a viso scoperto?».

«Sì, erano a viso scoperto, sia quelli dentro sia quelli fuori dall'automobile. Ricordo che non parlavano molto e quel poco era un francese stentato, almeno con me. Tra di loro si esprimevano in modo strano, forse arabo. Si muovevano come se fossero automi. Prima che due di loro decidessero di trascinarmi nel bosco ho visto che hanno dato un'occhiata all'automobile, o a chi c'era nell'automobile, come per avere la conferma che quello che stavano facendo andava bene. Ma questo, credo, ve l'ho già detto prima».

«Torniamo un momento indietro nel tempo - disse Robert - vale a dire prima di arrivare al posteggio sull'autostrada. Quando sono saliti sul Tir i sei giovani?».

«Sono saliti ad Aix-en-Provence presso il luogo del carico. Una specie di agriturismo di lusso».

«Dove è stata presa esattamente in consegna la merce?».

«L'ho già detto, un agriturismo alle porte di Aix».

«C'era qualcuno ad aspettarti insieme ai sei?».

«Sì, per la verità, c'era un tipo strano, vestito come un damerino, probabilmente il padrone dell'albergo».

«Dell'agriturismo» - suggerì Robert.

«Sì, albergo, agriturismo, camping, non so di preciso cosa fosse».

L'inchiesta di Robert e Marcel era iniziata col botto. Di comune accordo, subito dopo l'interrogatorio dell'autista, decisero che fosse giunto il momento di investigare su quanto avvenuto ad Aix al momento del carico. I poliziotti che in precedenza avevano indagato sull'accaduto non si erano interessati a questo aspetto.

Il giorno seguente, Robert e Marcel partirono per Aix-en-Provence, che distava circa quaranta minuti di macchina da Marsiglia. L'intenzione era di recarsi sul luogo dove l'autista aveva detto di aver ritirato la merce. La polizia non aveva seguito questa pista, anzi, forse non aveva avuto il tempo di seguirla visto che qualcuno li aveva fermati sul più bello. Dunque questa parte dell'indagine era probabilmente ancora vergine.

Il luogo dove la merce era stata caricata era un lussuoso agriturismo all'entrata di Aix. Agriturismo per modo di dire, perché in verità si trattava di una grande villa con piscina e campi da tennis, immersa in un incantevole parco mediterraneo. In fondo, pensò Marcel, il povero autista aveva ragione nel non saper definire il tipo di struttura. A nord dell'abitazione si poteva ammirare in tutto il suo splendore *La Sainte Victoire* che Cézanne aveva dipinto molte volte. Robert, che aveva vissuto e studiato diritto per un paio di semestri all'Università di Aix, quella villa al centro di un grande agriturismo l'aveva già notata in passato. Era talmente fuori norma per la regione che non poteva passare inosservata.

A un inserviente dal fisico da guardia del corpo che stava pulendo la piscina Robert chiese di poter parlare con il proprietario del complesso. Il titolare di quella meraviglia era già appostato al portone d'entrata e li stava osservando con un fare più arrogante che preoccupato. Dalle prime parole pronunciate e dalla sicurezza dello sguardo sembrava qualcuno che, pur in una situazione delicata, poteva contare su protezioni dall'alto. Cosa questa che fece innervosire Robert.

«Cosa vi autorizza ad entrare nella mia proprietà?» - disse l'uomo.

Il tono non era affatto gentile, ma la domanda era pertinente. A questo punto Robert gli mostrò il lasciapassare della polizia. L'uomo non si lasciò convincere da quel foglio di carta. Logico anche questo. Allora Robert telefonò alla polizia di Marsiglia, la quale chiamò quella di Aix, la quale a sua volta telefonò direttamente al proprietario dell'Agriturismo. Appena riattaccato il telefono l'uomo venne a più miti consigli.

«Va bene, cosa volete da me?».

«Come mai il carico diretto a Marsiglia - chiese Robert - era stato depositato presso il suo agriturismo?».

«Un caro amico mi ha chiesto il favore di tenere in deposito alcune casse ben imballate che in seguito qualcuno avrebbe poi trasportato al porto di Marsiglia per essere imbarcate su una nave in direzione della Cina. Ho fatto mettere il carico al riparo sotto il portico all'entrata del parco. Tutto qui. Niente di più e niente di meno. Comunque, se posso azzardare una spiegazione, potrebbe essere perché il mio agriturismo è completamente cintato e dunque sicuro e forse anche perché vicino all'autostrada che porta a Marsiglia».

«Ci può dire il nome del suo amico?».

«Non ora, prima devo chiedergli il permesso».

«Ha notato chi è passato a prendere il carico?».

«C'era l'autista del Tir e insieme a lui sei giovani, erano appostati vicino al cancello. Non so se sono arrivati con l'autista o se lo aspettavano all'entrata della mia tenuta. A questo punto ho chiamato il mio amico, ho detto che delle persone erano venute a ritirare il carico, lui mi ha dato il nulla osta per consegnare la merce, io ho aperto il cancello d'ingresso dell'agriturismo e loro hanno preso in consegna le casse che hanno poi caricato sul Tir».

«Tutti si esprimevano in francese?».

«No, solo uno parlava francese, o meglio ancora, ha parlato solo quello che conosceva il francese».

Robert evitò apposta di chiedere al padrone dell'agriturismo di che nazionalità fossero i giovani. Il fatto che cinque di loro erano di pelle olivastra e dai tratti turcomanni, avrebbe dovuto attirare la sua curiosità. Visto che non aveva accennato a questo fatto, poteva significare che quell'uomo, che di sicuro non era uno sprovveduto, sapeva più cose di quello che lasciava intendere.

Il racconto dell'uomo combaciava comunque con il racconto dell'autista.

Marcel però non rimase completamente convinto della buona fede di quell'individuo. L'impressione fu che quel tale dalla faccia furba e dallo sguardo sicuro sapesse esattamente cosa dire e non dire. Insomma, che recitasse una parte studiata a tavolino nel caso avesse dovuto rispondere a domande di inquirenti.

Fatto sta che dopo la reticenza iniziale, l'uomo si mise a raccontare persino dettagli non richiesti. La cosa mise Robert sull'attenti. La sua intenzione era evidentemente di confondere le acque. Nascosto dietro l'abito da damerino annoiato e arrabbiato, dimostrava di avere un cervello vispo. Marcel chiese all'uomo se avesse potuto approfittare della *toilette* della casa. Lui l'accompagnò all'interno dell'abitazione, gli indicò dove andare e tornò da Robert. Nel corridoio Marcel notò una grande fotografia incorniciata, raffigurante un gruppo di famiglia riunito per un evento particolare. In quella foto che, dall'abbigliamento delle persone ritratte doveva risalire ad una ventina di anni prima, oltre a due persone molto anziane e a una copia di circa sessant'anni vi erano diversi giovani, maschi e femmine, probabilmente i figli e le figlie della coppia. Tutti erano di carnagione ambrata e di fattezze mediterranee. Una grande famiglia in posa davanti all'entrata di una grande villa simile a quella di Aix in cui Robert e Marcel si trovavano al momento. Una famigli ricca, ipotizzò Marcel, per via dei vestiti, della sicurezza degli sguardi e della grande villa bianca. Marcel fu attirato da quella foto di gruppo, sia dalle persone, sia dallo sfondo che, in questo caso, aveva tutta l'aria di essere un deserto montagnoso di colore mattone. In uno dei giovani maschi Marcel individuò il viso, più giovane, del proprietario dell'agriturismo.

Marcel prese il cellulare e scattò una foto. Una delle ragazze nella fotografia attirò l'attenzione del bretone. Era la più alta e la più appariscente. Quando il suo sguardo cadde sul volto di quella ragazza ebbe un sussulto. Mentre cercava di capire cosa di quello sguardo l'avesse colpito, l'uomo rientrò in casa e gli andò incontro per accompagnarlo all'uscita dove lo aspettava Robert.

«Accidenti, Robert - disse Marcel sottovoce - nel corridoio della villa ho visto una fotografia di famiglia nella quale spiccava una giovane donna che assomigliava a Eliane Merz. Stesso viso, stessi capelli nerissimi, alta e dallo sguardo intrigante. Che mi venga un colpo se non è lei da giovane. Ho fatto una foto, così poi possiamo guardarcela insieme. Ma non è finita: mi è sembrato che il nostro damerino arrabbiato, quando è venuto a cercarmi, si sia messo di proposito davanti alla foto che stavo guardando, come se fosse qualche cosa che non avrei dovuto vedere».

«Bravo, vedo che non ti scappa niente. Comunque hai ragione, questa villa e il suo proprietario nascondono parecchi segreti».

Robert e Marcel decisero di accontentarsi, per il momento, delle informazioni e delle importanti sensazioni vissute durante quell'incontro. Man mano che l'indagine proseguiva Marcel si rese conto del perché Mister Hu avesse così tanta fiducia in Robert. Strategia precisa, obiettivi fissati e raggiunti, sicurezza negli interrogatori erano la forza del francese. Ma non solo: anche le sensazioni, come quella percepita nell'incontro con l'intrigante proprietario della bella villa.

«Non riesco a capacitarmi del fatto che il proprietario dell'agriturismo non conoscesse il contenuto delle casse. Ha detto che un amico gli ha chiesto di conservarle e in seguito consegnarle a uno spedizioniere. Possibile che una persona metta a repentaglio la reputazione di un amico con il rischio che lo stesso, se scoperto, possa finire in prigione? Tanto più che quell'uomo aveva l'aria di uno molto tosto e furbo. Ma c'è di più - disse Robert - come hai potuto notare, lui non ha fatto un accenno alla presenza di cinque ragazzi dai tratti particolari come effettivamente sono gli uiguri dello Xinjiang. Insomma, cinque uiguri su di un Tir a ritirare casse non sono una cosa di tutti i giorni».

«Se ho capito bene il tuo pensiero - disse Marcel - quell'uomo ci ha raccontato un sacco di balle. Quello strano tipo sapeva esattamente cosa sarebbe successo in seguito».

«Caro Marcel, se così fosse, l'insabbiamento di tutta questa vicenda da parte della Centrale della polizia di Parigi e poi degli stessi Servizi segreti francesi assume una dimensione imprevista».

Dopo quello strano incontro con il padrone dell'agriturismo Robert decise che era venuto il momento di approfondire le informazioni sul giovane francese di origini magrebine che, malauguratamente per lui, accompagnava i cinque uiguri. Nel rapporto di polizia il giovane figurava come residente a Marsiglia nel poco raccomandabile quartiere di *La Castellane* a nord della città. Robert decise che bisognava trovare e interrogare i genitori del ragazzo. Cosa che la polizia di Marsiglia non aveva fatto. Spesso i genitori non sono a conoscenza delle attività dei loro figli, ma, quantomeno, valeva la pena tentare di avere informazioni sulle loro frequentazioni e le loro abitudini. In questo caso la tattica di

Robert fu diversa. Il bretone non voleva perdere tempo e, visto l'angusto appartamento dove alloggiava il giovane insieme ai suoi genitori, decise che la promessa di una congrua ricompensa in denaro poteva essere la formula più veloce e indolore per convincere la famiglia del giovane a dargli le dovute informazioni. Non era la tattica più elegante ma permetteva forse di accorciare i tempi.

Dopo una scontata reticenza iniziale i genitori del giovane rivelarono che il loro figlio si era lasciato attirare nella rete dell'Islam radicale, ma non sapevano esattamente fino a che punto. Sapevano invece dell'amicizia del loro ragazzo con alcuni giovani cinesi dal viso particolare che lui aveva invitato a casa.

Per la verità, disse la madre, in un'occasione incontrarono anche una ragazza che aveva i loro stessi tratti. Entrambi i genitori ricordavano bene quei giovani gentili ed educati. Marcel e Robert cercarono di nascondere la loro sorpresa per la rivelazione della presenza di una ragazza, probabilmente uigura, in uno degli incontri con la famiglia.

«Signora - disse subito Robert - mi dispiace per il suo ragazzo. Noi siamo qui per scoprire chi lo ha ucciso. Per questo motivo sono obbligato a farle alcune domande. Per esempio, mi può descrivere la ragazza?».

«Ricordo solo che era magra, il volto un po' scuro e affilato, era una bella ragazza. Se ben ricordo era abbastanza alta».

«In che lingua si esprimeva? Le è sembrata una tosta o piuttosto timida?».

«No, la ragazza non era affatto timida, parlava in inglese con mio figlio e in una lingua strana con i suoi amici. Non parlava francese, questo me lo ricordo bene..., o meglio, in quell'occasione non l'ho sentita parlare francese».

«È riuscita a capire di che cosa stessero parlando suo figlio e la ragazza?»,

«Purtroppo no, io non parlo una parola di inglese».

La chiacchierata con i genitori del giovane si stava rivelando positiva. Robert voleva però saperne di più sull'attività del ragazzo.

«Signora, sappiamo che suo figlio frequentava brutte compagnie. Abbiamo informazioni - disse bluffando - che conosceva personaggi pericolosi nell'ambito dei trafficanti di armi. Malgrado fosse giovane godeva di una certa reputazione in quegli ambienti».

«Quello che dice è vero. Tra le persone che frequentava c'erano anche tipi poco raccomandabili. Noi abbiamo fatto di tutto per tenerlo lontano da certi individui, ma la cosa ci è sfuggita di mano».

«Ci sa dire qual era il giro di persone che lui frequentava? Se le dico persone dalle Cecenia, cioè russi, questo le dice qualche cosa?».

«Cecenia, o come dice lei, non mi dice niente. Russi sì, aveva amici russi».

Per Robert e Marcel il colloquio con i genitori del ragazzo magrebino aveva aperto una pista tutta da scoprire. Per i genitori del ragazzo poterne parlare apertamente con i due era stato di grande sollievo. La specifica richiesta di Mister Hu di identificare coloro che avevano venduto le armi ai giovani uiguri non si presentava però semplice. Per il *Cinese* si trattava di identificare la filiera della fornitura delle armi con l'obiettivo di impedire, o almeno rallentare, altri pericolosi carichi in direzione della Cina.

A questo punto per avanzare nell'inchiesta, Robert doveva fare affidamento su vecchi amici di Marsiglia che a loro volta erano ben introdotti nelle attività della malavita locale. Robert poteva contare su una rete capillare di informatori a Marsiglia che in passato lo avevano aiutato nell'ambito della lotta al traffico di organi umani.

In effetti i soldi per quello sporco traffico provenivano da due fonti principali: la droga e le armi. Il tipo di armi trovate nelle casse era uno dei pochi appigli concreti per iniziare l'inchiesta. Innanzitutto erano di origine russa. L'esperienza di Robert lo portò ad accentrare l'attenzione sui venditori di armi ceceni presenti a Marsiglia. Erano in particolare loro che gestivano questo traffico in provenienza dalla Russia e da alcuni paesi dell'ex Unione Sovietica. Era un passo avanti, ma era solo l'inizio.

Robert fece diverse telefonate prima di poter rintracciare una persona in grado di aiutarlo. Fu una ricerca difficile che prese diverso tempo, ma alla fine ebbe l'insperata opportunità di poter parlare con un vecchio informatore al quale chiese ragguagli sulle ultime transazioni di armi avvenute sul territorio marsigliese. Non era affatto scontato che la strada fosse quella giusta, ma valeva la pena provarci. I trafficanti di armi, ancora più di quelli di droga, sono molto guardinghi. Vivono nell'ombra e prima di accettare un incontro prendono informazioni dettagliate sui potenziali clienti.

Inoltre i tempi per trovare un accordo sulla compravendita di armi, le cui tipologie sono molto diversificate, sono molto più lunghi rispetto a quelli dell'acquisto di droga. I trafficanti di armi, altro aspetto che li contraddistingue dagli spacciatori di droga, preferivano rinunciare a piccoli scambi che consideravano una perdita di tempo e più pericolosi perché di mezzo c'erano spesso dilettanti.

Questa volta Robert ebbe fortuna. Dopo tre giorni dall'inizio della ricerca, l'amico informatore si fece vivo affermando di avere informazioni interessanti. Marcel e Robert si recarono all'appuntamento con l'uomo.

L'esperienza del francese per queste situazioni gli aveva insegnato ad essere estremamente cauto. Spesso chi dava informazioni lo faceva dietro pagamento e non sempre le soffiate erano veritiere. A vantaggio di Robert vi era il fatto che in passato, nel suo lavoro di copertura in Francia, aveva assistito personaggi nel giro del commercio delle armi.

«Ho qualche informazione che potrebbe essere importante per voi».

«Ti ascoltiamo».

«Effettivamente due settimane fa a un gruppo di trafficanti di armi di Marsiglia che seguiamo da vicino si sono presentati acquirenti con idee molto dettagliate e precise su quello che intendevano procurarsi».

«Possibile si sia trattato di cittadini cinesi di origine uigura?».

«No, di sicuro no. Questo tipo di transazioni viene fatto da persone di tutt'altro genere. Sicuramente non sono due o tre ragazzini che possono avvicinare i trafficanti di questo spessore. Comunque, come vi dicevo, vi è stata ultimamente una transazione abbastanza importante. Gli acquirenti erano persone in possesso di grosse quantità di contanti. Cosa questa che ha di molto facilitato il contatto e la velocità della transazione. Va detto che attualmente il commercio di droga e di armi è più difficile per via dei controlli a tappeto della polizia e dunque i venditori sono molto attenti».

«Mi potresti descrivere questi compratori?».

«Non proprio, perché non li ho visti personalmente, ma da quello che mi è stato detto pare che la trattativa di acquisto sia stata condotta da una donna. Se si sono soffermati su questo aspetto è proprio perché il fatto è insolito. Comunque, la transazione è avvenuta senza problemi, vale a dire gli acquirenti erano in grado di valutare tecnicamente la merce e non hanno tirato sul prezzo di acquisto».

«Hai detto che tra gli acquirenti c'era una donna?».

«Sì, hai capito bene. Ma non solo, sembra che fosse la donna a gestire la contrattazione».

«Ci puoi dire qualche cosa sulla nazionalità dei compratori?».

«Naturalmente non l'hanno rivelata, ma da quello che ho saputo dovevano essere mediorientali. Il che lascia comunque aperte molte strade. Nel senso che potevano essere turchi, arabi o altri ancora».

«Torniamo alla donna. Che tipo di donna?».

«Ora mi chiedi troppo, una donna è una donna! Ricordo che si diceva che i suoi modi erano duri. D'altra parte chi opera in questi contesti non è di sicuro una mammoletta».

«Senti, ho bisogno di più informazioni, vedi di parlarne ancora con il tuo informatore. Se effettivamente era presente alla transazione qualche dettaglio in più potrebbe dartelo, come dici tu una donna è una donna e, visto che non ci sono molte donne che vanno in giro a comperare armi, magari la curiosità lo ha spinto ad avere maggiori dettagli. Alta, bassa, magra, bionda, bruna, il colore degli occhi, bella, brutta, insomma vedi tu. Un'ultima domanda. Riguardo alla vendita delle armi, sai dirmi se per caso la richiesta era finalizzata unicamente a questa transazione oppure se tra le parti è stato stipulato un contratto che doveva durare a lungo termine?».

«Bella domanda, so che i ceceni chiesero espressamente se in futuro ci sarebbero state altre richieste di armi. Da quanto mi ha detto il mio informatore, i compratori, per essere sicuri di poter concludere l'accordo, hanno anticipato soldi per il prossimo acquisto».

«Come mai questa domanda, Robert? Perché tanto interesse per questo aspetto legato alla compravendita di armi?».

«Semplice, Marcel. Come ti ho già detto, Mister Hu non era particolarmente interessato alla sorte dei ragazzi. A lui interessa piuttosto capire se chi ha organizzato questo traffico intende o meno aprire un canale per ulteriori transazioni di armi tra la Francia e la Cina in favore di terroristi. Per quanto mi riguarda - disse ancora Robert - non capisco ancora quale legame unisca questo traffico di armi all'assassinio del francese e dei cinesi. Non mi è chiaro nemmeno cosa ci facessero tanti giovani sul Tir. In ogni caso, caro Marcel, una spiegazione ci deve essere e noi la troveremo».

Per il bretone queste parole suonavano come una dolce musica. La vendetta verso chi gli aveva causato tante difficoltà era stata finalmente avviata.

Prima di lasciare Marsiglia per il Nord della Francia, Robert e Marcel si intrattennero a lungo con il capitano di polizia che inizialmente aveva condotto le indagini sul delitto di Marsiglia.

I due improvvisati investigatori, su precisa richiesta di Mister Hu, erano stati incaricati di capire chi si celava dietro l'ordine dato agli inquirenti di Marsiglia di fermare le indagini. E soprattutto come mai l'inchiesta era stata in seguito affossata.

«Ha ragione - disse il poliziotto - ha proprio ragione a porsi questa domanda. Come forse sapete, in Francia a capo delle indagini non vi è direttamente la polizia, ma quello che noi chiamiamo il giudice d'istruzione, colui che deve rendere conto al procuratore di quanto intrapreso dalla polizia e decidere se le conclusioni della polizia stessa possano o meno essere portate davanti a un giudice. Nel caso specifico dell'inchiesta di cui parliamo è stato in prima istanza il giudice istruttore a bloccare l'inchiesta. È chiaro comunque che non si è trattato di farina del suo sacco».

«Lei avrà chiesto a chi di dovere - disse Marcel - i motivi di una procedura anomala come questa!».

«Certo, la domanda l'ho posta. Non solo, ho addirittura contestato la decisione stessa».

«Poi cosa è successo?».

«Mi hanno ordinato di rispettare le gerarchie, altrimenti avrei passato dei guai. Come avrà potuto notare dal rapporto di polizia... nel nostro rapporto, alcuni aspetti importanti non figurano. Per esempio non c'è nulla sul proprietario dell'agriturismo dove le casse sono state recuperate. Ma la cosa interessante è che non c'è nulla perché qualcuno ha pensato bene di eliminare questa parte del racconto. Tra l'altro quel tipo dell'agriturismo non mi era piaciuto per niente. Si tratta di un personaggio alquanto strano».

«Dunque, se ho capito bene, la sua inchiesta è stata bellamente sconvolta da chi vi ha ordinato di lasciar perdere il tutto».

«Esattamente, noi non abbiamo avuto il tempo, come avremmo voluto, di torchiare il proprietario dell'agriturismo e fare un'indagine approfondita su chi aveva venduto le armi».

Robert e Marcel erano allibiti. Chi e per quale ragione aveva bloccato le indagini? Quale organismo o ordine superiore poteva esserci sopra la polizia e il potere giudiziario? La politica forse? O qualche organizzazione parallela?

«Lei non si è posto la domanda su chi abbia bloccato le indagini?».

«Certo, e penso di sapere anche chi. Se andiamo per eliminazione e non vogliamo proprio guardare in cima dove c'è il Presidente della Repubblica, ci tocca fermarci ai Servizi segreti francesi. Ma il bello deve ancora arrivare. Mi avete detto che la vostra indagine proseguirà su quanto successo a Saint-Malo. A questo proposito posso anticiparvi che anche nella bella cittadina della Bretagna troverete una sorpresa».

QUINDICI

Saint-Malo, martedì 9 dicembre 2014
Dopo aver fatto luce sui tragici fatti di Marsiglia, Robert e Marcel si trasferirono a nord, a Saint-Malo, allo scopo di valutare in dettaglio quanto successo venerdì 14 novembre nella cittadina fortificata della Bretagna. In entrambi i casi l'obiettivo era sviscerare i molti dettagli della vicenda rimasti nascosti. La similitudine tra i fatti di Marsiglia e di Saint-Malo era a dir poco sconcertante. Il comune denominatore era costituito dal numero, dall'origine, dall'età e dalla matrice islamica, probabilmente radicale, dei giovani uccisi. Nei due casi vi era inoltre il legame tra le vittime e il trasporto di armi verso la Cina. Diversa era stata la modalità dell'uccisione, seppur di certo compiuta da professionisti: a Marsiglia una micidiale raffica, a Saint-Malo singoli colpi alla testa eseguiti con chirurgica precisione.

«Di sicuro non vi lasceranno lavorare tranquilli, dovrete muovervi in fretta mantenendo un profilo basso» - disse Hu a Robert al telefono.

«Cosa intendi per profilo basso? Forse muoversi senza farsi notare?».

«No, non proprio, non mi sono espresso bene. Significa non lasciar intendere né alla polizia locale né a chi sta sopra e nell'ombra che state facendo progressi. In altre parole meglio lasciar credere che state girando a vuoto. Così facendo attirerete meno la loro attenzione».

Anche per il caso di Saint-Malo, Robert e Marcel poterono usufruire della registrazione scritta degli interrogatori da parte della polizia locale. Se a Marsiglia l'uomo che aveva permesso loro di approfondire l'inchiesta era stato l'autista del Tir, nel caso di Saint-Malo individuarono l'uomo da torchiare nel giovane francese di nome Didier che aveva prestato l'appartamento ai ragazzi.

Lo chiamarono al telefono, gli spiegarono i motivi della telefonata e lo invitarono a raggiungerli al commissariato di polizia, evitando così resistenze inutili del tipo: non parlo con gli sconosciuti.

Erano trascorse diverse settimane dall'orrendo delitto. Robert e Marcel chiesero a Didier di riordinare le idee e annotare tutto quello che ricordava delle conversazioni, delle sensazioni avute in quei complicati giorni di novembre. Se con i poliziotti il giovane francese era rimasto sulle sue, la presenza di Robert e Marcel gli sembrò più rassicurante. Erano due le opzioni per interrogare il giovane. La prima nei locali della polizia di Saint-Malo, la seconda nei luoghi in cui il giovane francese aveva passato del tempo con i ragazzi uccisi.

Il luogo più significativo era stato un ristorante nella vicina Cancale. Su consiglio di Marcel scelsero questa seconda opzione.

«Se ci pensi bene - suggerì Robert - quello che dovremmo fare è una sorta di ricostruzione dei fatti sul terreno. Forse rivisitando quel luogo il nostro Didier potrebbe ricordare meglio parole e fatti piuttosto che in una grigia saletta del posto di Polizia».

Andarono così tutti e tre a cena a Cancale, un paesino sul mare noto per la coltivazione di eccellenti ostriche. Sul posto scelsero di proposito il locale dove Didier aveva invitato i cinesi. Dopo la cena Robert passò all'attacco.

Di ricordi il giovane ne aveva diversi, ma molti rimossi, probabilmente a causa dell'agitazione per quanto gli era accaduto. Si trattava di riportarli a galla. Sotto la sapiente regia di Robert, Didier, rimasto pericolosamente invischiato in quella tragica vicenda, si rivelò un buon osservatore e un buon ascoltatore.

La tecnica di Robert fu diversa da quella adottata in precedenza con l'autista del Tir a Marsiglia. Evitò di proposito quell'energico assalto iniziale che aveva impaurito il povero autista. A Didier chiese di riferire tutto quello che ricordava e poi, quando i ricordi vennero meno, passò a domande più puntuali in modo da permettere al giovane di focalizzare l'attenzione su aspetti che al momento potevano sembrare futili. Il giovane, più collaborativo e duttile di cervello rispetto allo spaventato autista, meritava di essere trattato con i guanti.

«Cosa ricordi di quella cena, ci sono aspetti che avevano attirato la tua curiosità?».

«Direi che è stata una serata piacevole, anche se, per via della lingua, ho potuto parlare poco con i ragazzi cinesi. Con il giovane di Marsiglia c'è stata invece un po' di discussione. In particolare mi ha raccontato delle difficoltà di inserirsi nella vita lavorativa a causa di una non adeguata formazione scolastica. Mi ha fatto capire che per lui la via naturale per sopravvivere era stata quella di aggregarsi a gruppi attivi in lavori non sempre puliti. Ho percepito in lui una certa tristezza unita anche a una rabbia latente per questa situazione».

«Hai chiesto il motivo per il quale era in compagnia dei cinque ragazzi uiguri?».

«Sì, gli ho chiesto come mai si trovava nel bel mezzo di quella strana compagnia. Mi ha risposto che una persona, a Marsiglia, lo aveva avvicinato chiedendogli se, a pagamento, avesse accettato di accompagnare i cinque cinesi in una sorta di giro turistico nel nord della Francia».

«Chi era quella persona di cui ti ha parlato il giovane francese?».
«Non lo so, non ho pensato di chiederglielo. Non mi sembrava così importante».
«Poteva essere una donna?».
«Può essere, ma non c'è stato nessun accenno al sesso e io non ho chiesto nulla».
«In che lingua comunicava il francese con i cinque ragazzi?».
«In inglese, per la verità in un inglese un po' stentato. Solo con uno di loro comunque».
«Hai notato se gli uiguri erano tesi, nervosi? Davano la sensazione di sentirsi osservati, minacciati?».
«Sì, per certi versi sì».
«Cosa intendi per certi versi? Puoi essere più preciso?».
«Insomma erano guardinghi. Hanno chiesto di sedersi ad un tavolo appartato, non troppo in mostra rispetto alla strada a quell'ora piuttosto frequentata».
«Hanno fatto o ricevuto telefonate?».
«Sì, ricordo che uno dei cinesi ha ricevuto una telefonata. Ha poi riferito al giovane di Marsiglia che era una loro amica pure uigura che chiedeva dove raggiungerli».
«Raggiungerli?».
«Sì, chiedeva dov'erano a cena perché avrebbe voluto incontrarli. Aveva detto di essere in zona e che sarebbe arrivata con una sua amica francese di Dinar o Dinan, non ricordo bene. Ricordo invece che il giovane francese non sembrò affatto contento di questo incontro imprevisto».

Robert e Marcel si guardarono sorpresi. Questa rivelazione li lasciò di stucco. L'arrivo delle due ragazze a Cancale non figurava da nessuna parte nel rapporto di polizia. I due sentivano salire l'adrenalina. Finalmente qualche cosa di assolutamente nuovo invece dei soliti dettagli di cui erano già a conoscenza e che andavano unicamente approfonditi. Sentivano di essere a un punto di svolta della loro indagine.

«Dunque alla cena hanno partecipato anche due giovani donne, una cinese e l'altra francese».

«Proprio così».

«Ci puoi dare la tua definizione di giovane?» - chiese Marcel.

«Direi attorno ai venticinque anni».

«Ma tu le avevi mai viste queste due?» - incalzò Marcel.

«No, mai viste in vita mia».

Dopo circa un'ora dalla telefonata le due erano giunte al ristorante.

«Ci puoi descrivere la ragazza uigura?» - chiesero Robert e Marcel all'unisono.

«Era molto carina».

La spontanea risposta di Didier sorprese favorevolmente i due. Chi ha qualche cosa da nascondere non si esprime in questa maniera, pensò Robert.

«D'accordo, era carina. Ora, se non ti dispiace ce la puoi descrivere meglio? Ci puoi dare qualche dettaglio che possa esserci utile per identificarla? Ricordati che in questa storia la tua posizione di testimone potrebbe anche cambiare in qualche cosa di peggio».

Didier incassò la minaccia di Robert e rispose prontamente alla domanda.

«Poteva avere poco più di vent'anni, alta, snella, viso allungato e scuro, capelli neri raccolti in una treccia che le scendeva sulle spalle. Parlava sottovoce, vestiva in modo semplice, jeans e maglietta bianca con un giubbotto nero. Semplice ma elegante. Questo è quanto ricordo e che ho detto anche alla polizia».

«Hai avuto l'impressione che la ragazza conoscesse i giovani uiguri?».

«Sì, li conosceva. Di questo sono sicuro. Anche se non ho capito di cosa discutevano».

«Come ti è sembrata? Tesa, preoccupata, sul chi vive, paurosa, timida?».

«Fammi pensare... direi un mix delle prime che mi ha suggerito. Di sicuro non aveva la faccia serena».

«E il ragazzo di Marsiglia? Come si comportava con le due?».

«Per la verità, come le ho già detto, l'ho visto un po' strano, teso, forse anche arrabbiato. Non mi sembrava molto felice dell'arrivo delle donne. Di sicuro non conosceva la giovane francese. L'ha appena salutata e poi non le ha più rivolto la parola. Curioso, in fondo erano gli unici francesi della tavolata. Invece mi è sembrato un po' particolare il rapporto con la ragazza uigura».

«Cosa significa un po' particolare?».

«Non ha parlato con lei ma ogni tanto le lanciava occhiate un po' bizzarre».

«Puoi precisare?».

«Insomma, credo che i due si fossero già visti, che si conoscessero, ma che non volevano farlo sapere agli altri, in particolare alla giovane francese».

«E la ragazza uigura come si comportava con lui?».

«Lei mi è sembrata più sciolta. Comunque con lui non mi sembra abbia parlato molto, intenta come era a discutere con i suoi amici uiguri».

«Perfetto, ora dimmi della francese».

«La giovane, che di nome faceva Christine, sembrava sapere il fatto suo. Aveva l'aria di conoscere bene la zona, anche se probabilmente non era originaria di qui, perché non aveva un accento bretone. Era lei a guidare l'automobile con cui le due sono arrivate a Cancale».

«Ti ha detto dove abita?» chiese Marcel.

«No, non l'ha detto, e io non l'ho chiesto, ma mi ha detto invece dove lavora. Mi ha dato il numero del suo cellulare. L'ho chiesto io e lei non ha avuto problemi a darmelo».

«Ora pensaci bene: tutto quello che ci stai raccontando lo hai detto anche alla polizia?».

«Sì, ho parlato delle ragazze, magari senza tanti dettagli».

«Gli inquirenti ti hanno fatto domande sulle due giovani arrivate a cena?».

«Sì, ma non ho dato troppi dettagli, forse perché inconsciamente non volevo trascinarle in questa storia».

«Parlaci del carico da ritirare - disse Robert – sei riuscito a capire di cosa si trattava?».

«No. Per la verità non mi è sembrato interessante. Ora però ricordo, c'è stato un fatto un po' particolare. Mentre eravamo a tavola nel ristorante ho notato una grossa auto nera che si era fermata sulla strada in faccia al nostro ristorante. A un certo momento un finestrino posteriore si è abbassato a metà e una persona ci ha guardato con curiosità. Poi in concomitanza con il sopraggiungere delle due giovani l'auto è partita a forte velocità».

«Hai potuto vedere chi c'era in quella macchina?».

«Purtroppo no. Aveva i vetri scuri. Si vedevano solo ombre».

Era ormai tardi e Marcel e Robert non vedevano l'ora di tornare in albergo a Saint-Malo per raccogliere le idee su quanto appreso e impostare la strategia per il giorno dopo. A Didier dissero che era stato bravissimo nel ricordare molti particolari interessanti e che ora era necessario mantenersi in contatto nel caso gli tornassero in mente altri dettagli. Dopo averlo ringraziato e salutato tornarono a Saint-Malo e in albergo fecero il punto della situazione.

Era notte, ma la luna piena rischiarava l'ambiente. A Marcel venne voglia di prendere aria e così propose a Robert di unirsi a lui in una passeggiata notturna nella sua terra. Robert accettò senza esitazione. Marcel fece allora un giro di telefonate e i due partirono in direzione di un locale dove nel frattempo si erano riuniti alcuni amici del bretone decisi a festeggiare il suo improvviso e inaspettato ritorno in patria.

Robert rimase favorevolmente sorpreso di quante conoscenze avesse Marcel nella regione. Tutti compagni di studio e di lavoro. Persone simpatiche e a modo, il che avvalorava la buona impressione che Mister Hu e pure Giulio si erano fatti di Marcel e la buona scelta di Ami Li nel volerlo frequentare.

Il giorno dopo Robert uscì dall'albergo dove alloggiavano che già faceva chiaro. Si chiese dove fosse andato a finire il suo compagno. Il portiere dell'albergo gli suggerì di salire sulle mura della città che si trovavano proprio dietro l'albergo stesso. Circa quindici minuti prima aveva visto il bretone incamminarsi in quella direzione.

Robert seguì le indicazioni del portiere e vide Marcel munito di stivaloni camminare nel mezzo della spiaggia lasciata libera dalla bassa marea che caratterizzava quei luoghi. Marcel aveva finalmente ritrovato il cielo luminoso delle mattine bretoni con nuvole bianche e nere allungate in cielo per via della brezza mattutina che soffiava dal mare. E l'odore, non quello di gasolio di Pechino provocato da milioni di automezzi di tutti i tipi che entravano in città, ma un misto frizzante di salsedine e *brioches* appena sfornati dalle decine di panetterie.

Sulla base delle indicazioni di Didier, Marcel e Robert decisero di contattare la misteriosa Christine. Il numero di telefono fornito loro da Didier era valido e il cellulare squillava.

«Buon giorno, sono Robert Roche. Forse la mia telefonata le sembrerà un po' irriverente. Il suo numero mi è stato dato da un giovane francese di Saint-Malo di nome Didier che ha detto di conoscerla. Vorrei chiederle ragguagli su una ragazza uigura che lei ha conosciuto tempo fa e che io sto cercando. Per spiegarle meglio di cosa si tratta le propongo di incontrarci, eventualmente posso venire a trovarla sul suo posto di lavoro».

Robert si accorse di aver dimenticato di dire che lavorava in collaborazione con la polizia locale e per questo lei non doveva aver timore di parlare con uno sconosciuto. A questo punto si attendeva che la giovane riappendesse il telefono. Nulla di tutto ciò. E la sorpresa fu grande.

«Senta - disse Christine - sono occupata tutto il giorno per lavoro proprio a Saint-Malo, dunque, se vuole, possiamo vederci in serata in città. Magari passo al vostro albergo».

Marcel aveva notato l'espressione di Robert ed era curioso di sapere come si era svolta la telefonata.

«Non ci crederai, invece di mandarmi a quel paese, ha detto che viene lei a incontraci. Tre cose mi sono sembrate strane: prima di tutto era molto sciolta, come se attendesse la mia telefonata. Inoltre sapeva che ero in albergo a Saint-Malo ed era al corrente anche del nome dell'albergo. Terzo, sapeva che non ero da solo a volerla incontrare. Molto strano».

«Sai, Robert, il fatto che la giovane conosca molti aspetti di noi mi ricorda la donna che mi ha commissionato il fantomatico trasporto dei mobili. Insomma, Eliane Merz e Christine sembrano fatte della stessa pasta».

L'incontro era stato fissato per le otto di sera dello stesso giorno e lei giunse puntuale. Come aveva detto Didier, la giovane aveva l'aria tosta e una mente che funzionava a dovere.

«Eccomi, finalmente. Sono contenta di vedervi. Se non mi sbaglio siete impegnati a gustare le bellezze e le prelibatezze di questa terra».

«Proprio così - disse Robert - anche se il nostro compito è un altro e siamo certi che lei potrà aiutarci a svelare cosa si nasconde dietro la tragedia di cui è sicuramente al corrente».

«Sì, ho saputo di quella brutta storia, Didier mi ha aggiornato su quanto successo. Riguardo al fatto di potervi essere utile, lo spero proprio. Ma lasciamo da parte i convenevoli. Vogliamo magari darci del tu che mi riesce più facile?».

I due erano sorpresi dalla naturalezza con la quale la ragazza si era espressa. Non era sfuggito loro nemmeno il suo sfolgorante sorriso.

«Come hai conosciuto la ragazza uigura?» - chiese Robert.

«Ah certo, Ugul. Molto semplicemente l'ho incontrata per caso in un caffè di Dinar, una cittadina non lontana da qui, dove abito e lavoro. Sapete, tra donne si lega in fretta. Mi ha detto di trovarsi nella regione come turista e cercava un alloggio per fermarsi un paio di settimane».

Il nome della ragazza uigura evocato da Christine mise Marcel sull'attenti. La sua mente ritornò alla cena in un *hutong* di Pechino. Finita la conversazione con la giovane francese ne avrebbe parlato a Robert.

«Non hai trovato strano - chiese Marcel - che una cinese se ne andasse in giro da sola in un luogo che sicuramente il novantanove per cento dei cinesi non pensa assolutamente di visitare?».

«Ora che ci penso, la tua è un'interessante considerazione. No, non ci ho pensato. Dalle nostre parti girano turisti di tutto il mondo. Più in là naturalmente abbiamo parlato di molte cose e così sono venuta a sapere dello Xinjiang e dell'etnia uigura di cui lei fa parte. Mi ricordo molto bene che aveva detto con enfasi che purtroppo il suo passaporto era cinese».

«Come si spostava la ragazza?».

«All'interno del villaggio con la bicicletta che le avevo prestato, più lontano ci andava con i mezzi pubblici».

«Andava spesso più lontano?».

«Non lo so, ma siccome mi ha chiesto informazioni sui tempi di percorrenza di alcune tratte non propriamente vicine, penso proprio di sì. Comunque mi ha detto che si trovava in Francia da un po' di tempo. Anzi, ora che ci penso mi ha detto di essere stata da amici a Parigi e poi di aver visitato Marsiglia. Insomma, la ragazza non è una sprovveduta e si è saputa organizzare».

«Dove alloggiava quando l'hai conosciuta?».

«Dove alloggiasse non l'ho mai saputo. Per la verità non l'ho nemmeno domandato. Poi, siccome mi ha chiesto informazioni su piccoli alberghi non troppo cari, e visto che io abito nella casa piuttosto grande dei miei genitori, che al momento sono in vacanza all'estero, le ho proposto di alloggiarla da me senza farle pagare nulla. Prima ci ha pensato e poi ha accettato, così ci siamo conosciute meglio, anche se io non avevo molto tempo da dedicarle. Comunque lei si muoveva in modo indipendente, la vedevo unicamente la sera. So che incontrava amici».

«Fu lei a chiederti di accompagnarla alla cena a Cancale?».

«Sì, raggiungere Cancale con i mezzi pubblici non è proprio semplice e io fui ben contenta di accompagnarla, e poi la prospettiva di una cena a base di ostriche e grigliata di pesce mi ha solleticato non poco».

«Sei rimasta sorpresa da quella richiesta?».

«Un po' sì, devo ammetterlo. Poi mi ha detto che si vedeva con dei suoi concittadini e non ci ho più fatto caso».

«Cosa ci puoi dire di quella serata? Chi c'era, di cosa parlavano, c'era tensione, ti sembravano spaventati?».

«Per la verità c'era un problema di lingua. Ugul parlava il suo idioma con i cinque ragazzi uiguri, mentre io per forza di cose mi sono intrattenuta con l'unico di loro che parlava un po' di inglese e con Didier che mi ha detto di essere l'affittuario dell'appartamento nel quale soggiornavano i ragazzi. Tra l'altro un tipo gentile».

«Cosa ci sai dire invece del giovane francese che accompagnava i ragazzi uiguri?».

«Non era per nulla simpatico. Ho avuto l'impressione che non fosse affatto contento che Ugul mi avesse portata a quella cena. Se devo dire la verità quel tipo era l'unica nota stonata della piacevole serata».

«Presumo che poi tu sia tornata a Dinar con la ragazza uigura».

«Ebbene no, quella sera Ugul è rimasta con i sui amici».

«Dopo quella sera tu e questa Ugul vi siete viste spesso?».

«A volte lei si allontanava da Dinar e probabilmente alloggiava da suoi amici. Come ti ho detto, la ragazza era molto indipendente. Comunque, per venire alla tua domanda, ci sentivamo di tanto in tanto per telefono. L'ho poi incontrata di nuovo quando si è rivolta a me per via dell'incidente».

«Scusa, quale incidente?» - chiese Robert.

«Come, non avete saputo quello che ho riferito alla Polizia di Saint-Malo? Non era scritto nei verbali della polizia?».

I due si guardarono attoniti. Ma in questa storia le sorprese cominciavano a diventare la norma.

«Sì, li abbiamo letti - disse prontamente Robert - ma vorremmo ripercorrere con te cosa è successo in modo che tu ci possa dare qualche particolare in più».

La ragazza sorrise. Marcel si chiese come mai sorridesse. Forse perché la scusa era poco credibile? Oppure perché sapeva che nei rapporti molti dettagli, anche importanti, non figuravano? Robert aveva bluffato, in realtà di lei nessuno aveva detto o scritto nulla. In altre parole lei non figurava nei rapporti di polizia. La chiacchierata con la giovane francese diventava sempre più interessante. Poterle parlare era stato per i due un vero colpo di fortuna.

«Vediamo di ripetere quello che è successo» - suggerì Marcel, ancora stupito e incuriosito da quel sorriso.

«È successo che nella tarda mattinata del 15 novembre, se ben ricordo era un sabato, la ragazza passò a trovarmi in ditta. Mi era apparsa stravolta, poi capii che era per il dolore fisico. Mi disse di essere caduta dalla bicicletta. Allora l'accompagnai a casa in modo che si potesse riposare. Come ho detto era molto tesa, quasi sconvolta e sanguinava da una ferita alla spalla. Viste le sue condizioni, e per il fatto che non sopporto di vedere il sangue, le proposi di andare con lei al pronto soccorso più vicino. Per tutta risposta mi disse che si era accorta di avere superato il limite di giorni concessi dal visto per restare in Francia e che sarebbe stato meglio non andare all'ospedale dove le avrebbero chiesto il passaporto e magari l'avrebbero segnalata alla polizia. Mi chiese se conoscevo qualcuno che potesse medicarla senza fare troppe domande. Allora l'ho accompagnata da un mio amico medico che l'ha visitata e medicata. Ricordo che lui mi disse che non era stata una cosa facile».

Si fermò, come per riordinare le idee. Per la prima volta si notava nella giovane francese un certo imbarazzo.

«E poi cos'è successo – chiese Robert - tutto bene quello che finisce bene, dunque?».

«Per la verità non tutto era andato proprio bene. Questo fu solo l'inizio della storia, e nemmeno l'aspetto più strano. Il mio amico medico mi chiamò e mi disse che la ferita non era grave e tutto era stato sistemato, ma la situazione si faceva complicata perché non si trattava di una ferita provocata da una caduta da una bicicletta ma piuttosto di una ferita, per fortuna di striscio, causata da un'arma da fuoco».

I due trasalirono. Christine aveva raccontato la vicenda in

modo avvincente. Tanto avvincente che poteva pure essere stata studiata a memoria da un copione scritto in precedenza. In seguito, discutendo di quanto successo, entrambi ammisero di aver avuto per un attimo questa sensazione.

«In tutta onestà non sapevo cosa fare, - continuò la giovane francese - non volevo avvertire la polizia per non mettere la ragazza in difficoltà. In quei giorni l'ho vista piuttosto agitata. Chiedeva di comprarle i giornali locali e mi chiedeva di tradurre in inglese i titoli di alcuni articoli muniti di fotografie. Dopo tre giorni di assoluto riposo, si riprese. Poi improvvisamente, mentre io ero al lavoro, fece la valigia e sparì nel nulla».

«Come partita, come sparita? Ti disse dove aveva intenzione di andare?».

«Non lasciò detto niente, ma qualche giorno prima dell'incidente o del ferimento aveva detto che in seguito si sarebbe recata a Parigi».

«Mi puoi descrivere la ragazza?».

«Piuttosto alta, nera di capelli, viso affilato, all'apparenza poteva essere turca».

Non c'era dubbio, la descrizione della ragazza combaciava con quella un po' sommaria, dei genitori del ragazzo ucciso a Marsiglia.

«Ora devo proprio andare, è stato un piacere conoscervi. Siete simpatici e pure carini, magari ci vediamo un'altra volta. Se avete piacere, naturalmente».

Si allontanò in fretta e i due la seguirono con lo sguardo.

Robert e Marcel rimasero in silenzio. Entrambi stavano cercando di capire chi fosse quella giovane francese che sapeva così tante cose, che aveva accettato di raccontare una storia perlomeno bizzarra con estrema naturalezza e precisione a due simpatici investigatori appena conosciuti e di cui non sapeva nulla, nemmeno i nomi.

Se da una parte Christine aveva permesso loro di risolvere alcuni nodi della storia, dall'altra pure lei era diventata un mistero. Riguardo alla ragazza uigura, se il racconto di Christine non era un completo *bluff*, era possibile che la stessa fosse stata ferita nel corso della sparatoria di Saint-Malo.

«Senti, Robert - disse Marcel - non so se ti avevo parlato di quella serata con Ami Li in un ristorante di un *hutong* di Pechino. Quella sera su incarico di Mister Hu, che io ancora non conoscevo, Ami Li stava indagando su ritrovi di giovani uiguri. In quell'occasione era apparsa una ragazza che aveva tutte le caratteristiche di questa Ugul descritta da Christine».

«Hai fatto bene a parlarmene, Marcel. Informeremo Hu e Ami Li di questa scoperta».

Dopo che la ragazza francese si era allontanata, Robert si lasciò andare.

«Tutto può essere, può anche darsi che la giovane ci abbia raccontato un sacco di balle. Una cosa è certa, questa francesina non ha l'aria di un'impiegata di commercio in una ditta di alcolici».

«Robert, poi mi spiegherai come è fatta un'impiegata di commercio di una ditta di alcolici».

«Volentieri».

Ripercorsero tutta la discussione avuta con la giovane francese e sentirono il bisogno di saperne di più sulla faccenda. Stilarono dunque una lista di richieste di dettaglio. Quella di Christine era una pista da seguire. Di sicuro era la persona che poteva dar loro ulteriori indicazioni sulla ragazza uigura. Ma anche sui giovani con i quali aveva cenato la sera prima del massacro. C'era qualcosa d'altro che dovevano assolutamente appurare. La domanda se l'erano già posta diverse volete. Si trattava di capire come mai nei rapporti di polizia del suo racconto così interessante e insolito non c'era nessuna traccia.

Il giorno dopo chiamarono di nuovo Christine sul cellulare. Avevano preparato una lunga lista di domande che intendevano porle. Provarono diverse volte a telefonare, ma il cellulare risultava spento. Probabilmente l'aveva dimenticato a casa o le batterie erano scariche.

«Poco male - disse Robert - ci facciamo una gita a Dinan e passiamo da lei in fabbrica».

Partirono in direzione della bella cittadina bretone. Decisero di prendere la strada che costeggia il fiume Rance. C'era poco traffico e così poterono godersi il paesaggio. Diversi battelli avevano lasciato Dinan in direzione di Saint-Malo da dove poi avrebbero preso il largo. Giunti nei pressi della cittadina ci misero un po' per localizzare la ditta di Calvados e sidro dove Christine lavorava. Trovata la fabbrica, entrarono dalla porta dei fornitori e chiesero di Christine.

«Mi dispiace, ma qui non c'è nessuna Christine» - disse una donna alla reception.

«Come non c'è nessuna Christine - disse Marcel - intende forse dire che oggi non lavora?».

«No, voglio dire che, in questa fabbrica, di ragazze o donne che si chiamano Christine non ce ne sono proprio».

«Possiamo parlare con il proprietario della fabbrica?».

«Oggi non c'è, ma se volete chiamo il capo del personale».

Anche la risposta del capo del personale fu inequivocabile. Di Christine in quella ditta non c'era nemmeno l'ombra. Non c'era nessuna Christine nemmeno nelle altre tre società di commercio di Calvados della regione. Chiesero nei negozi, nelle farmacie e nei ristoranti del centro della cittadina. Interrogarono persino il prete nel caso lei fosse una frequentatrice della chiesa. Era come se non fosse mai esistita. Un fantasma apparso e scomparso nello spazio di qualche ora. Giusto il tempo di rispondere alle domande di Robert e di Marcel. Giusto il tempo di raccontare ai due cose che bellamente ignoravano.

«Roba da matti - disse Robert - questa fantomatica Christine si è introdotta nella nostra inchiesta, ci ha raccontato alcuni fatti in modo così preciso e puntuale tanto che non abbiamo mai dubitato che potessero non essere veri. Perché lo ha fatto? Cosa voleva dimostrare?».

«Christine ha forse voluto indicarci che la ragazza uigura era in qualche modo legata all'uccisione dei giovani - sottolineò Marcel. - Non lo ha fatto in modo esplicito, ma ce lo ha suggerito. Perché lo ha fatto? E per chi lo ha fatto? Quali possono essere i motivi che l'hanno indotta prima ad aiutare la ragazza e poi a consegnarcela senza che noi avessimo chiesto nulla?».

«Non riesco a capacitarmi, Marcel, ma credo che qualcun altro, oltre a noi, stia indagando su questa storia. Vista la situazione non riesco a capire se abbiamo a che fare con qualcuno che sta tentando di depistarci o che ha interesse ad aiutarci di nascosto».

Molte le risposte, ma altrettanti gli interrogativi emersi.

«Non deprimerti, Marcel, qualche cosa abbiamo ottenuto. Ora sappiamo che tutta questa storia è parecchio contorta. Sappiamo quello che è successo e sappiamo pure che attorno a questo *fil rouge* ci sono strane diramazioni. Il centro della vicenda non è quello che è successo e che si vede, ma quello che non si vede. Sappiamo chi sono i morti, non conosciamo gli esecutori materiali delle uccisioni, possiamo però dedurre che siano professionisti del crimine al soldo di qualcuno. È la regia di tutta questa vicenda che ci manca, come pure chi e per quale ragione ha coperto e poi insabbiato i fatti».

Prima di rientrare i due misero nero su bianco un rapporto all'indirizzo di Mister Hu che, da parte sua, lo attendeva con impazienza. Robert rimase sul posto per sbrigare faccende private. Marcel tornò a Parigi in attesa di ripartire per Pechino. La sera tardi, prima della partenza, telefonò ad Ami Li.

«Domani torno - disse Marcel - non vedo l'ora di riabbracciarti».

«Ma tu chi sei? Forse quel tipo conosciuto tanto tempo fa a Pechino?».

«Hai ragione, Ami Li. Scusa, ma siamo stati molto impegnati. E poi, visto il fuso orario non volevo svegliarti in piena notte».

«Ci sei cascato, bel bretone. Lo so, anzi so molte cose di quello che state brigando in Bretagna. Non mi è molto chiaro cosa hai combinato quella sera a Saint-Malo con i tuoi amici di gioventù, ma sono sicura che poi quando torni mi spiegherai tutto. Mi sei mancato tanto e per la verità avevo un po' paura che ti potesse succedere qualche cosa. Spero che con Robert sia andato tutto bene. Tempo fa l'avevo incontrato a Pechino e mi era sembrato un tipo un po' nervosetto».

«Tutto bene e tutto molto eccitante. Questa storia diventa sempre più complicata. Abbiamo fatto passi avanti, ma poi sono successe cose che hanno stravolto quello che abbiamo scoperto. Più tempo passa, più elementi strani vengono a galla».

Marcel rientrò a Pechino. Dopo la disavventura la sua società cercava di tornare in attività.

Finalmente la situazione, almeno quella lavorativa, si stava lentamente risolvendo. L'inverno era ormai arrivato e con esso il freddo e il secco che caratterizza Pechino in questa stagione.

Quella sera aveva appuntamento al Pinocchio con Mister Hu, il quale era intenzionato a fare le presentazioni, quelle ufficiali, tra il bretone e Giulio.

Marcel era un po' titubante. Prima però sarebbe passato da Ami Li. Aveva una gran voglia di rivederla. In quel momento Marcel capì che di Ami Li non poteva più fare a meno. Al diavolo quanto successo, l'importante era che fosse tornato a Pechino. Ritrovare la sua poliziotta cinese gli avrebbe fatto dimenticare tutto.

Malgrado i timori di Marcel, l'incontro con Giulio andò nel migliore dei modi e tra i due nacque persino una certa chimica. In fondo, chi per un verso chi per un altro, erano due europei che in tempi e per motivi diversi avevano abbandonato il Vecchio Continente e tentato la fortuna in Cina. La scelta di accasarsi a Pechino li accumunava e non era una scelta da tutti.

Molti europei e stranieri in generale preferiscono Shanghai sia per il clima, sia perché la città è più cosmopolita. A Pechino si erano spesso sfiorati ma mai veramente incontrati. Avevano conoscenze in comune, come Ami Li e Charles Wei, personaggio a tratti inquietante e amico di lunga data di Mister Hu. Marcel di tanto in tanto, prima di conoscere Ami Li, aveva frequentato l'Orchidea Blu, il club di notte di proprietà di Wei.

Questa è un po' la magia di Pechino, una città di ventuno milioni di abitanti che in alcuni luoghi particolari permette però di incontrarsi, di conoscersi e in alcuni casi di creare delle vere e proprie relazioni. Al centro di questi incontri, al di là dei luoghi di lavoro, almeno per gli stranieri che vivono in città, sono quasi sempre i locali pubblici, come i bar e i ristoranti. In una città immensa come Pechino il quartiere dove ci si trova tra stranieri si chiama Sanlitun. Non è particolarmente bello, ma sempre affollatissimo e rumoroso e dalle dimensioni di una cittadina svizzera.

Con il rapporto positivo di Robert, l'accordo di Giulio, e la benedizione di Mister Hu, Marcel entrò di fatto nell'esclusivo gruppo.

Ugul riceve la telefonata di Abigail.

«Ciao Ugul, sono io. So che da tempo hai lasciato la Bretagna».
«Sì, dopo Saint Malo e Parigi sono scesa a Sud e ora mi trovo a Mentone, al confine con l'Italia. Sono ospite di amici».
«Come stai? La ferita ti fa ancora male?».
«Ora va meglio, quel medico amico di Christine mi ha curata bene. Sono ancora sotto shock per quanto capitato. Qualcuno doveva sapere esattamente dove eravamo e cosa stavamo facendo. Per la verità non so più cosa fare e dove andare. Sto valutando l'opportunità di tornare nello Xinjiang, ma mi hanno detto che i controlli si sono intensificati».
«Nell'appartamento di Saint-Malo, prima che succedesse il finimondo, avevi notato qualche cosa di anomalo? Cosa mi dici del ragazzo che vi ha prestato l'appartamento? Pensi che possa essere lui la spia?».
«Non credo, era troppo ingenuo per essere un killer o anche solo una spia».
«E quella Christine e il suo amico medico?».
«Non so, forse, ma poi perché mi avrebbe aiutato a curare la ferita?».
«Come hai fatto a sfuggire alla sparatoria?».
«Un colpo di fortuna. Uno dei miei amici uiguri mi aveva chiesto se potevo procurargli delle sigarette. L'assalto è avvenuto un attimo prima che io rientrassi nell'appartamento. Non ricordo nulla da tanta confusione che c'era. So che a un certo momento, quando stavo scappando, ho sentito un bruciore al braccio. Il medico mi ha poi detto che poteva trattarsi di un colpo che è rimbalzato da qualche parte e poi ha sfiorato il mio braccio. È possibile perché nessuno mi ha inseguito».
«Hai potuto vedere in faccia i tuoi assalitori, erano mascherati?».
«Non ho visto niente. Non so se erano mascherati».

«*Cosa intendi fare ora? Dove pensi di andare?*».

«*Come ti ho detto, non lo so ancora, volevo attraversare il confine e andare in Italia, ma qui c'è un po' di trambusto per via dei migranti africani che dall'Italia vogliono entrare in Francia. Ho paura di cadere in qualche controllo della polizia di dogana*».

«*Hai ragione, non è il miglior luogo per attraversare il confine. Dammi un po' di tempo e ti organizzo un tragitto alternativo. Credo che varrebbe la pena passare da Grenoble e attraversare la frontiera in direzione di Torino e poi scendere su Milano. Facciamo così. Tra due giorni ti mando un amico che in auto ti accompagnerà a Grenoble e poi, al momento opportuno, ti condurrà a Torino. Da lì potrai raggiungere Milano dove so esserci una comunità uigura che ti accoglierà sicuramente*».

«*È una buona idea*».

«*Dimmi, tuo fratello Osman è ancora a Londra? Come sta?*».

«*Sì, è a Londra, sempre da quella famiglia pachistana. L'ho sentito un paio di giorni fa ed era felice di stare con la sua fidanzata*».

«*Sono contenta, salutamelo quando lo senti la prossima volta. Ora ti lascio. Avviso il mio uomo. Lui ti chiamerà e poi vi mettete d'accordo*».

SEDICI

Londra, lunedì 15 dicembre 2014
«Pronto... - una voce femminile - sei Christos Katidis?».
«Sì, e tu chi sei?».
Il *Greco* cercava di rimanere calmo. Christos non sopportava le telefonate di persone che non si annunciavano con nome, cognome e funzione.
«Ascolta bene, Christos, a Londra c'è da qualche tempo un giovane uiguro della Provincia dello Xinjiang che non ci piace affatto. Al momento è ospite di una famiglia di Chelsea e il suo comportamento non è per nulla chiaro».
«Cosa significa non ci piace... a chi non piace, chi siete voi, chi è lei?».
«Lascia perdere chi siamo noi, vedi piuttosto di capire perché questo giovanotto ogni settimana, sempre il sabato mattina alla stessa ora si reca a Victoria Station dove incontra una persona, sempre la stessa persona. Ma non è finita, perché sempre il giorno dopo il giovanotto, in compagnia di una ragazza, si sposta in un quartiere pachistano dove incontra personaggi un po' loschi, alcuni schedati dall'antiterrorismo inglese».
Pur non apprezzandole, Christos era abituato a telefonate del genere. Spesso si trattava di soffiate anonime come questa. Per principio il *Greco* era aperto a ogni informazione. Inutile insistere troppo nel chiedere chi era al telefono. Se l'informazione era fatta in modo anonimo significava che non ci sarebbe stata nessuna spiegazione. In questi casi si trattava di valutare sulla base dei contenuti e della forma se attivarsi o meno.

«Ascolta bene - rispose Christos - quelli come te che chiamano senza dire chi sono, normalmente li mando a quel paese. Oggi sono di buon umore e sono pure curioso di capire dove vuoi andare a parare. Incomincia con darmi il nome del giovane e della famiglia che lo ospita».

«Si chiama Osman Kadeer ed è ospitato a Chelsea da un commercialista con passaporto inglese, ma di origine pachistana. Da quello che ci risulta, la famiglia in questione è benestante e non è mai stata implicata in brutte storie».

«Come mai volete parlare con me? Cosa vi fa pensare che io possa essere interessato alla storia di un giovane uiguro che soggiorna a Londra?».

«Sappiamo che sei tornato in pista e che al momento ti interessi ai terroristi uiguri dello Xinjiang».

«Dammi un elemento generico, un fatto, un legame che possa rendere vagamente credibili i contenuti della tua soffiata. Insomma, dammi un motivo per non mandarti a quel paese».

«Come vuoi, Christos, ecco la parolina magica, anzi alcune paroline magiche: Mister Hu, carico di armi da Marsiglia e Saint-Malo in direzione della Cina. Ti basta?».

«Va bene, mi basta e avanza, prendo nota».

La soffiata, del tutto inaspettata, era arrivata tramite una telefonata ad un numero che solo pochissime persone conoscevano. Questo fatto mise il *Greco* sull'attenti, prima ancora dei contenuti della telefonata stessa. La voce era di una donna, si esprimeva in un inglese buono, ma con un accento straniero di difficile collocazione. Christos aveva installato un sistema in grado di registrare le telefonate in arrivo separando la voce dai rumori di fondo. Da una parte risentire la telefonata priva di interferenze sonore permetteva di capire meglio gli accenti di chi telefonava. Dall'altra mettere in risalto i rumori di fondo in molte occasioni permetteva di capire da dove l'interlocutore chiamasse.

I tecnici interpellati da Christos poterono accertare che la chiamata era stata fatta da una cabina telefonica di Londra in uno degli angoli di *Leicester Square*. Su richiesta di Christos la polizia esaminò le registrazioni delle telecamere fisse di sorveglianza puntate sul luogo della chiamata. La persona che aveva telefonato doveva conoscere il suo mestiere, perché era vestita, o meglio, travestita in modo tale da non essere riconoscibile. Christos chiamò la polizia di quartiere e, attraverso una sezione del controllo degli abitanti, la famiglia ospitante e il giovane uiguro vennero immediatamente identificati.

La sera il *Greco* chiamò Mister Hu a Pechino. Naturalmente dimenticò che tra la Cina e l'Inghilterra esiste, in autunno, una differenza oraria di sette ore (a vantaggio della Cina). Il *Cinese* venne così svegliato verso le quattro del mattino.

Terminate le imprecazioni di rito di Hu, Christos chiese aiuto per l'identificazione del giovane. Il giorno dopo ricevette la risposta di Mister Hu, nella forma di un rapporto dettagliato sul giovane.

Rapporto su Osman Kadeer
Osman Kadeer, 20 anni, originario dello Xinjiang, di etnia uigura e di religione islamica. Il giovane Osman è originario della cittadina di Hotan, più o meno 115.000 abitanti, situata a sud-est della contea di Yarkent, vicino alla frontiera con il Pakistan e popolata quasi esclusivamente da cittadini uiguri. I suoi genitori sono entrambi insegnanti. Attualmente Osman è ospite di una famiglia di origine pachistana residente a Londra nel quartiere di Chelsea che, come molte altre famiglie, accoglie spesso studenti stranieri per lo studio della lingua o per studi universitari. Il capofamiglia è tito-

lare di una avviata società di trading. Alla fine di settembre 2013, il giovane ha terminato con successo il liceo nella capitale Urumqi e ha potuto usufruire di una borsa di studio privata di sei mesi a Londra per l'apprendimento della lingua inglese. Non è chiaro chi e per quale motivo abbia assegnato a Osman quella borsa di studio. Di sicuro non si tratta di una borsa statale. La scelta di Londra quale luogo per lo studio dell'inglese è stata sollecitata dal giovane stesso, perché durante il liceo a Urumqi aveva conosciuto una ragazza inglese di origine pachistana, appassionata della montagna, che era in vacanza nella capitale dello Xinjiang. A Londra Osman segue un corso di inglese in una scuola in centro e, grazie alla ragazza che ha conosciuto, ha trovato ospitalità a Londra presso la sua famiglia. Il giovane ha una sorella di nome Ugul di quattro anni maggiore di lui che studia economia all'Università di Urumqi. Al momento la sorella risulta aver lasciato la Cina diretta in Francia. Dalle segnalazioni delle autorità di frontiera la ragazza dovrebbe presto aver esaurito il suo visto francese e dunque dovrebbe lasciare il paese transalpino e rientrare in Cina.

Ricevuto il rapporto Christos si affrettò a chiamare il suo vecchio amico cinese.
«Certo è che tu non ti smentisci mai. Ti ho chiesto un rapporto sul giovane uiguro e tu mi mandi un trattato sullo Xinjiang».
«Hai ragione, vecchio mio, tu lo sai che sono pignolo. Spero che le mie informazioni ti possano servire. Anzi, ci possano servire. Comunque la telefonata anonima che hai ricevuto è strana. Sto cercando di capire chi potrebbe avere interesse a mettere nei guai quel giovanotto. Pure il fatto che colei o colui che ti ha chiamato ha fatto il mio nome è piuttosto strano».

«Sì, ma non solo - disse Christos - tutta la faccenda è fuori norma. Chi può avere interesse a farmi indagare su di un personaggio che mi sembra tutto sommato poco interessante? Comunque chi mi ha telefonato deve per forza avere contatti capillari nello Xinjiang o addirittura vivere nella regione. Se tu non fossi uno dei capi dei servizi segreti cinesi penserei che siete stati voi a contattarmi. E poi perché chiamare il sottoscritto. Chi può essere a conoscenza della nostra collaborazione sui terroristi uiguri di base a Londra?».

«Hai ragione, Christos. Tutto molto strano - disse Hu - ma conto su di te per fare completa luce sulla vicenda. Le informazioni dettagliate che ti abbiamo inviato dovrebbero permetterti di rintracciare il giovane. Ad oggi non sappiamo se sia coinvolto o meno con terroristi arabi o uiguri. Comunque la facilità con la quale il giovane ha potuto spostarsi dallo Xinjiang a Londra, trovare un alloggio e i soldi per vivere, puzza di bruciato. Il ragazzo deve avere uno sponsor ben fornito. Mi affido al tuo fiuto, caro Christos».

«Senti, Hu, a proposito del tuo rapporto, ho notato che nello stesso figura una certa Ugul, sorella del giovane Osman. Ti faccio sapere che la donna che mi ha telefonato in forma anonima ha citato questo nome, pure lei dicendo che si trattava della sorella di Osman. Deduco che chi mi ha telefonato sia molto informato su tutta questa storia».

Le informazioni raccolte da Christos con l'ausilio di Mister Hu aiutarono effettivamente il *Greco* a chiarire la posizione del giovane uiguro. Si tratta ora di monitorare con attenzione i frequenti spostamenti sia alla *Victoria Station* sia dentro il *Manor Park*, il quartiere pachistano nel Nord-Est londinese. Christos decise di non mollare la presa, non tanto per le informazioni raccolte, che di fatto non vedevano al momento il ragazzo implicato in nessuna attività losca, ma perché la soffiata anonima doveva venire da qualcuno molto ben informato e dunque doveva per forza esserci qualche aspetto da approfondire. Il *Greco* aveva deciso di indagare per capire meglio le frequentazioni del giovane a Londra. Il risultato del pedinamento si rivelò sorprendente. Ogni settimana, come suggeriva la telefonata anonima, sempre di sabato mattina, il giovane Osman si recava in un *Tea Room* vicino a un negozio di fiori all'interno della *Victoria Station* dove incontrava un uomo di circa quarant'anni dai tratti europei. I due si intrattenevano in una fitta conversazione per circa mezz'ora. Agli agenti che li osservavano era sembrato che l'uomo spiegasse al ragazzo i contenuti dei documenti che in seguito gli consegnava. Dai rilevamenti ambientali, fotografici e sonori, risultò che i documenti che l'uomo dispiegava sul tavolo erano cartine geografiche. Nel corso dell'incontro il giovane uiguro annotava su di un taccuino quanto l'uomo raccontava. Il ragazzo poi prendeva in consegna i fogli e i due partivano in direzioni opposte. La domenica mattina dopo l'incontro il giovane uiguro e la ragazza che lo ospitava a Londra si recavano nel quartiere della capitale abitato da emigrati pachistani. Il luogo dell'appuntamento variava spesso, ma sempre all'interno del *Manor Park*.

Gli appartamenti in cui i ragazzi si recavano erano conosciuti dalla polizia londinese quali luoghi caldi per la presenza di individui schedati come amici di cittadini uiguri partiti per la Siria, l'Iraq e la Libia. Gli incontri di Osman con quell'individuo alla *Victoria Station* e le successive visite nel quartiere pachistano di Londra avevano avuto inizio appena Osman Kadeer era giunto nella capitale inglese. Era evidente che quanto il giovane stava facendo a Londra era già stato pianificato da tempo. Segno questo che lo studio dell'inglese non era solo un obiettivo ma anche un mezzo per nascondere le attività di altro genere.

Christos decise di intervenire, non nell'appartamento situato nel quartiere pachistano, ma piuttosto nella casa dei genitori della ragazza a Chelsea dove Osman alloggiava. L'intervento fu eseguito il sabato sera del 14 dicembre, dopo l'incontro dello stesso Osman con la persona a *Victoria Station*. I due giovani erano assenti e in casa vi erano solo i genitori della ragazza, sorpresi e spaventati per l'intrusione della polizia nella loro abitazione. Nel corso della perquisizione della camera del ragazzo gli agenti trovarono diverse cartine geografiche dello Xinjiang. Il materiale venne confiscato e la polizia attese il rientro dei due giovani al loro domicilio. Tutti furono condotti al posto di polizia. Dopo l'interrogatorio il padre e la madre vennero rilasciati con l'ordine di non abbandonare il paese. La figlia della coppia e Osman furono invece messi in stato di fermo precauzionale. Dall'esame del materiale raccolto si evidenziò l'interesse per uno dei classici passaggi o passi montagnosi che uniscono il Pakistan allo Xinjiang, vale a dire il cosiddetto *Wakhan Corridor* nelle montagne del Karakorum.

Christos riferì subito a Hu questo particolare aspetto. Il *Cinese* gli spiegò che era risaputo dai servizi cinesi che, proprio attraverso quel valico, diversi estremisti uiguri si recavano in campi di formazione in Pakistan e poi, finito l'addestramento all'uso di armi ed esplosivi, rientravano in patria senza essere notati. Dopo i primi attacchi terroristici i militari cinesi avevano iniziato a sorvegliare minuziosamente questo accesso. Ma non era facile avere un controllo capillare. Spesso i terroristi, sapendo di essere sorvegliati, utilizzavano strade diverse e sempre più impervie. Era possibile che i documenti di volta in volta consegnati da quell'uomo a Osman fossero carte geografiche che suggerivano e descrivevano itinerari alternativi in modo che gli estremisti uiguri potessero evitare l'intervento dell'esercito.

Londra, martedì 16 dicembre 2014
Quel giorno scattò il pedinamento e l'arresto dell'individuo che ogni settimana incontrava Osman. L'uomo viveva in un quartiere nella periferia nord della città, era di origine e cittadinanza inglese, laureato in geografia. Aveva lavorato per ben dieci anni quale cooperatore tecnico per il governo inglese in Kirghizistan e Uzbekistan. In seguito si era trasferito in Cina, nella Provincia dello Xinjiang, dove aveva lavorato per un'associazione di volontariato quale insegnante di inglese in alcune scuole elementari di periferia. L'uomo, quarantaduenne, tornato in patria, era da un paio di anni insegnante di geografia in una scuola media alla periferia di Londra ed era segnalato dai servizi segreti inglesi quale simpatizzante non attivo della causa dell'indipendenza dello Xinjiang dalla Cina. Dopo l'interrogatorio, l'uomo venne trattenuto in carcere.

Nel frattempo l'interrogatorio di Osman si era dimostrato parecchio complicato. Il giovane uiguro era uno tosto e convinto che la causa per la quale aveva deciso di combattere era giusta. Ha il cervello di un martire, pensò Christos, che fino a quel momento aveva osservato gli interrogatori fuori dall'apposita stanza. Gli uomini dell'antiterrorismo inglese non riuscirono a ottenere informazioni di prima mano dal giovane. L'intervento di Christos si rese allora necessario.

Londra, mercoledì 17 dicembre 2014
Il *Greco* ricevette da Mister Hu i rapporti di Robert e Marcel sui fatti di Marsiglia a Saint-Malo. Hu lo chiamò per informarlo sugli ultimi avvenimenti e per spiegargli i contenuti del rapporto.

«Chi e questo Marcel, cosa ci fa con noi?» - chiese Christos.

«Te lo spiegherò in seguito - gli rispose Mister Hu - non fare il solito greco».

Christos lesse tutto d'un fiato il rapporto dei due francesi. Quanto illustrato con dovizia di particolari stimolò l'interesse e la curiosità di una vecchia volpe come il *Greco*. Le due carneficine a pochi giorni di distanza, il fatto che in entrambi i casi ci fossero giovani uiguri e francesi e il modo nel quale gli esecutori avevano agito era inquietante. Ma c'era dell'altro, e la notizia era straordinaria e inaspettata: una delle donne citate nel rapporto, quella di etnia uigura ferita in circostanze poco chiare, presentava analogie fisiche con il giovane che lui stava torchiando a Londra. Christos chiamò immediatamente Pechino. Questa volta decise di parlare con Giulio.

«Senti, Giulio, c'è una concomitanza singolare e straordinaria che va approfondita. Mi spiego meglio. Come tu sai, grazie a una soffiata anonima, sto controllando un giovane uiguro che a Londra si muove in modo sospetto. Hu mi ha inviato un rapporto dettagliato su questo individuo, comprensivo di informazioni sulla sua famiglia. Poi ecco la chicca: ancora Hu mi ha inviato un rapporto scritto da Robert e quel tale Marcel che io non conosco e non capisco cosa ci faccia con noi, sui fatti di Marsiglia e di Saint-Malo. Tieniti forte perché potrebbe essere che il giovanotto che sto interrogando sia un parente, magari il fratello della ragazza di cui si parla nel rapporto sui fatti di Marsiglia e di Saint-Malo».

«Accidenti, bella coincidenza. Cosa vuoi esattamente da me, Christos?».

«Vorrei che tu studiassi bene i due rapporti in modo da verificare le mie intuizioni. Vale a dire se i due giovani sono parenti stretti che si muovono sul fronte del terrorismo uiguro».

«Inteso, Christos, ti mando un rapporto il prima possibile. Marcel mi aiuterà a scriverlo».

«Ancora quel Marcel, ci tenete proprio tanto a lui. Siamo sicuri che sia del tutto trasparente?».

«Sicurissimi, non solo sicuri».

Incredibile ma vero, due giovani cinesi di etnia uigura erano apparentemente immischiati con il terrorismo in Cina e si trovavano chissà per quale motivo entrambi in Europa. Nei due casi, anche se in maniera diversa, non erano caduti per caso nella rete degli inquirenti, ma erano stati vittime di qualcuno che ben conosceva le loro mosse. Sia Osman sia Ugul erano state vittime rispettivamente di una soffiata anonima a Christos a Londra e di una rivelazione in Francia offerta su di piatto d'argento a Marcel e Robert per opera di una francese poi svanita nel nulla.

"È chiaro - pensò Christos - c'è qualcuno che a questi due giovani non vuole affatto bene".

Con le preziose informazioni in suo possesso Christos fu pronto a giocare le sue carte con il giovane uiguro.

Interrogatorio di Osman Kadeer.

Christos fece condurre il ragazzo in una delle salette della polizia londinese di cui il *Greco* era ospite. Contrariamente alle sue abitudini, Christos non si era preparato all'interrogatorio. Aveva pensato che valesse la pena tentare la carta della spontaneità.

«Osman, sappiamo che ogni settimana, di sabato, sempre di mattina, incontri un uomo alla Victoria Station. Mi dici chi è questa persona e per quale motivo vi incontrate così spesso?».

«Mi vedo con lui il sabato, perché è il mio giorno libero dalle lezioni».

«Chi è questa persona?».

«È un amico».

«Di cosa parlate?».
«Di cose nostre, per esempio della vita a Londra».
«Da quanto tempo conosci questa persona?».
«Da circa due mesi».
«Così poco tempo e già siete diventati amici?».
«Succede».

Christos capì che Osman non era propenso a collaborare e dunque decise di spiattellare al giovane, sotto forma di domande, tutto quello che sapeva di lui. Non voleva perdere tempo e voleva fargli capire che non aveva nessuna intenzione di farsi prendere per i fondelli.

«Così non va bene, giovanotto, ricominciamo da capo: sappiamo che quell'uomo ti consegna delle carte geografiche della tua regione. Mi spieghi il motivo di tanto interesse per la geografia?».

«È vero, quell'amico ha lavorato diversi anni nello Xinjiang ed è interessato alle montagne del mio paese. Mi chiede spesso ragguagli su itinerari un po' particolari dove portare turisti europei».

«Sappiamo che la domenica mattina successiva a ogni incontro ti rechi con la tua amica, figlia della famiglia che ti ospita, in un quartiere pachistano di Londra. Cosa ci andate a fare da quelle parti, non propriamente tranquille?».

«Andiamo a visitare i suoi parenti e spesso portiamo regali».

«Lo sai che quel quartiere è considerato parecchio caldo, perché vi bazzicano jihadisti che vanno e vengono dalla Siria e dall'Iraq?».

«Non lo sapevo e, per la verità, non me ne ero nemmeno accorto».

Christos incominciò ad innervosirsi. Decise allora di andarci più pesante.

«Va bene, fine della tregua. Ora cominciamo a fare sul

serio. Lo sai che con il tuo comportamento stai mettendo in difficoltà la tua fidanzatina e la sua famiglia? Lo sai che la ragazza è pure lei in prigione accusata di collaborare con un terrorista, che saresti tu? Lo sai che per questo tipo di reato si rischiano venti anni di carcere? Lo sai che la famiglia della ragazza a causa tua rischia pesantissime sanzioni?».

Questa volta il *Greco* aveva colpito nel segno. Osman ebbe un momento di esitazione. Il giovane sembrò realmente allarmato per il coinvolgimento della sua amica e dei parenti della stessa. Se da una parte aveva capito che la polizia sapeva della sua attività di postino, dall'altra non voleva ammettere un suo coinvolgimento in attività dubbie. Christos tolse allora il *Jolly* dal mazzo e decise di giocare le sue carte fino in fondo per far abbassare la guardia al ragazzo. Era una carta non ancora del tutto verificata. Ma valeva la pena tentarla in questo momento. Christos, stufo di attendere la confessione di Osman, decise di tentare l'affondo.

«Ti comunico che la polizia francese ha arrestato una giovane uigura di nome Ugul. L'hanno messa sotto torchio e lei ha confessato il motivo delle sue visite in Francia. Ha pure spiegato chi sono i mandanti. Rifletti bene, perché Ugul ci ha svelato quale è la tua missione a Londra».

Osman fu sorpreso da questa rivelazione, ma cercò di nascondere l'emozione. La sua tenacia stava cedendo sotto i colpi del collaudato Christos. Quanto il *Greco* gli aveva rinfacciato lo rese nervoso. Osman voleva sapere di più sulla sorella e su quanto avesse rivelato, ma Christos decise di non assecondare la sua curiosità. Sospese così volontariamente e sul più bello l'interrogatorio e diede ordine di rimandare il giovane in cella. Sapeva per esperienza che le questioni lasciate a mezz'aria sono quelle che più fanno innervosire l'avversario. Ora il ragazzo aveva di che rimuginare nella solitudine della sua cella.

L'interrogatorio di Osman proseguì per un paio di giorni. Christos lo convocava, poneva domande, poi lo faceva riportare in cella. La conoscenza perfetta del dossier dei genitori, del suo paese natale, del suo curriculum, di quello della sorella con i suoi trascorsi a Pechino e poi in Francia stava destabilizzando il ragazzo. Osman alla fine capì che non poteva più nascondersi dietro i soliti "non so". Iniziò così a parlare, ma non fu una confessione, fu piuttosto una liberazione a mo' di inatteso e teatrale *pamphlet* rivoluzionario.

«Va bene, sì, sto cercando di aiutare la guerriglia interna uigura. Sono pronto a pagare, ma sappi che noi vogliamo riprenderci la nostra terra e le nostre tradizioni, e lo faremo combattendo contro i cinesi. Fonderemo uno stato autonomo insieme ai nostri fratelli musulmani dei paesi confinanti, faremo in modo che le nostre tradizioni non vengano cancellate attraverso una subdola colonizzazione mascherata da aiuto alla crescita economica e sociale del paese. Capito, sbirro amico dei cinesi?».

Christos fu sorpreso e per certi versi contento della reazione di Osman.

«Accidenti, finalmente il ragazzo ha capito la situazione e sta utilizzando gli argomenti giusti» - disse al collega che lo assisteva nell'interrogatorio.

Il *Greco*, dal passato avventuroso, incominciò a sentire una certa simpatia per il giovane uiguro. Oltre a essere un vecchio combattente, era anche un inguaribile romantico. Se nella sua vita i modelli di ispirazione non erano mai stati quelli convenzionali, era comunque consapevole che il compito che Mister Hu gli aveva assegnato non era quello di osservare il lato romantico degli avvenimenti, ma piuttosto di catturare chi dall'interno o dall'esterno fomentava e favoriva il terrorismo che in Cina, nello spazio di due anni, aveva fatto parecchi morti anche tra persone che nulla avevano a che fare con l'Islam e la secessione dello Xinjiang. Christos capì che il giovane era ormai pronto a raccontare molti aspetti che avrebbero potuto interessare Mister Hu, sia sulle attività dei terroristi uiguri in Cina, sia sulla struttura dei diversi gruppi secessionisti attivi nello Xinjiang.

Nel frattempo la ragazza di origini pachistane amica di Osman, assistita da un importante avvocato ingaggiato dai genitori, ottenne, versando una pesante cauzione, la libertà provvisoria in attesa di ulteriori chiarimenti sul suo ruolo in questa vicenda. Osman, naturalmente, non venne informato della liberazione della ragazza.

Poi la situazione precipitò. Nel corso di un ulteriore interrogatorio, il giovane Osman ebbe un malore e venne trasferito d'urgenza e sotto stretta sorveglianza nel vicino ospedale. Si trattò di un crollo di nervi dovuto alla tensione e alla rabbia che aveva accumulato dal giorno del suo arresto, diagnosticò un medico dell'ospedale.

Ma forse fu tutta una finzione. Al padre della ragazza che chiese informazioni sullo stato di salute del ragazzo, Christos suggerì di procurargli un avvocato. Cosa che fu fatta immediatamente.

Dopo un paio di giorni Osman si riprese e pur rimanendo in ospedale sotto osservazione il *Greco* poté continuare l'interrogatorio, a questo punto con la presenza di un avvocato. Ma non si trattava dello stesso avvocato dell'amica di Osman.

Il legale a cui furono affidate le sorti di Osman era di origine pachistana e aveva tutta l'aria di essere uno che non solo difendeva la causa dei terroristi ma aveva pure la faccia e l'atteggiamento del terrorista. A Christos quell'uomo non piaceva affatto, ma non poté evitare che i due si parlassero. La sala in cui Osman e il suo avvocato si incontrarono venne microfonata, ma i due parlavano sottovoce in uno stretto dialetto. Il *Greco* notò un grande cambiamento nell'atteggiamento di Osman dopo essere entrato in contatto con quel personaggio. Il legale del ragazzo era probabilmente radicalizzato, tanto che Christos fece fare ai suoi uomini delle ricerche su di lui. Quel tale non era unicamente un avvocato ma era attivo con i suoi pericolosi sermoni in una moschea nella periferia di Londra.

«Non capisco come quell'uomo non sia stato ancora buttato fuori dal Regno Unito» - disse Christos a uno degli inquirenti incaricato di fare una ricerca sul personaggio.

Quando i medici riferirono a Christos delle insistenti richieste dell'avvocato pachistano di incontrarsi con Osman, il *Greco* andò su tutte le furie e proibì allo stesso di avvicinare di nuovo il ragazzo. Dopo un paio di giorni d'infermeria Osman tornò in cella. Le sue condizioni erano apparentemente migliorate.

Ma in un attimo accadde l'irreparabile. Il giovane venne nuovamente colto da una crisi epilettica così violenta da necessitare nuovamente il trasporto in ospedale.

Approfittando di un momento di distrazione delle guardie, si alzò dalla sedia a rotelle sulla quale veniva trasportato e si mise a correre nei corridoi dell'ospedale. Non riuscendo a trovare l'uscita per passare ai piani inferiori e raggiungere la strada, tentò di uscire da una finestra, contando sul fatto di poter utilizzare il cornicione per seminare i poliziotti che si erano messi al suo inseguimento. Nell'attraversare il cornicione del terzo piano, il ragazzo cadde nel vuoto e si schiantò a terra dopo un volo di una decina di metri. I poliziotti che lo inseguivano non poterono che constatarne la morte istantanea.

Christos non riuscì a capacitarsi dell'accaduto e si scagliò contro i poliziotti e gli infermieri che avrebbero dovuto assicurare il trasporto e l'incolumità del giovane. Osman, uiguro o no, era un giovane che combatteva senza riserve per la sua causa.

Si era trattato di un incidente, ma l'avvocato di Osman decise di giocare sporco e disse ai giornalisti che il ragazzo, siccome non era intenzionato a collaborare con gli inquirenti, era stato gettato nel vuoto. Il giorno dopo tutti i giornali della città riportarono il tragico fatto.

L'avvocato del ragazzo rincarò la dose e, intervistato dai giornalisti, raccontò di tortura fisica e psicologia da parte della polizia e, in particolare, da parte di un tale di nome Christos che conduceva l'inchiesta. Il *Greco* rimase esterrefatto da queste dichiarazioni. Una pubblicità del genere non ci voleva. In un battibaleno fece arrestare l'avvocato pachistano e decise di giocare sporco pure lui. Si assicurò che il legale non potesse lasciare la prigione fintanto che non avesse confessato di aver suggerito lui il gesto estremo al ragazzo.

DICIASSETTE

Al centro della vicenda che aveva visto ben dodici giovani brutalmente assassinati vi erano quattro donne. Eliane Merz, l'organizzatrice dei trasporti, Ugul Kadeer, la ragazza uigura sospettata di terrorismo politico, Christine, la giovane francese dal dubbio profilo e, per ultima, una misteriosa figura di donna ancora da identificare che, in alcune decisive occasioni, aveva fatto la sua apparizione.

Eliane Merz
Marcel l'aveva incontrata per la prima volta a Pechino al bar dell'Hotel Ritz nel quartiere di *Dawanglu*. Lei lo aveva incaricato di quello che doveva essere un normale trasporto di mobili antichi dalla Francia alla Cina. Trasporto che improvvisamente si era trasformato in un pericoloso carico di armi. Eliane non era sicuramente una donna comune ed era riuscita a sorprendere lo scaltro bretone. Mister Hu, intrigato dalla descrizione della donna fatta da Marcel, decise che per saperne di più avrebbe incontrato il barista dell'albergo Ritz in modo da approfondire alcuni dettagli. Chiese a Marcel se avesse voluto accompagnarlo. Il bretone era impegnato con il suo lavoro e declinò l'invito. Hu prese allora contatto con il barista che aveva assistito all'incontro di Marcel con Eliane Merz. Lui aveva ancora in mente quell'evento e invitò Hu a raggiungerlo nel bar dell'albergo di *Dawanglu*.

«Quella donna di nome Eliane - chiese il *Cinese* al barista - veniva spesso nel suo bar... in questo bar?».

«Non molto spesso, forse una volta ogni due mesi o giù di lì. Pechino è un luogo di passaggio e chi ritorna a farti visita ti rimane impresso nella memoria. E poi, di una come lei ti ricordi sicuramente».
«Veniva da sola o era accompagnata?».
«Era sempre accompagnata da uomini che, se dovessi azzardare un'ipotesi, più che amici potevano essere suoi dipendenti, dal fisico di guardie del corpo».
«Quando veniva nel suo bar si intratteneva con altre persone?».
«Le sue visite erano finalizzate a incontri con persone che conosceva e alle quali aveva dato appuntamento».
«Si ricorda di queste persone? Potrebbe descriverle?».
«Erano persone di origini e fattezze diverse. Comunque la maggior parte di loro era mediorientale, altri europei, pochi gli asiatici».
«Come definirebbe una persona mediorientale?» - chiese prontamente Hu.
«Direi viso leggermente olivastro, occhi neri e ben marcati, capelli neri. Naso leggermente aquilino».
«Nel corso degli incontri ha notato figure femminili?».
«No, da quello che ricordo sembra si trattasse in particolare di uomini».
«Cosa facevano quando si incontravano?».
«Erano sempre molto discreti. Non sembravano incontri tra amici, ma avevano piuttosto l'aria di riunioni di lavoro».
«Quale era il ruolo della donna in queste riunioni?».
«Era la persona di riferimento, gli altri ascoltavano, prendevano appunti e rispondevano alle sue domande».
«Che lingua parlavano le persone che lei ha descritto come mediorientali?».
«Poteva sembrare arabo ma non era arabo. Proprio non le so dire, la donna comunque parlava perfettamente cinese e si

esprimeva bene anche in inglese con uno strano accento che non sono riuscito a identificare».

«Che idea si è fatto di quella donna?».

«Era senza ombra di dubbio consapevole del fascino che emanava. Si capiva che era una abituata a comandare».

«Le è mai capitato di vederla insieme a una ragazza di etnia uigura, attorno ai venticinque anni, alta e esile?».

«No, mai, almeno quando ero io di turno».

«La sera che la donna per la prima volta ha incontrato il mio collega era da sola o in compagnia?».

«Era in compagnia. Poi, prima che arrivasse il suo amico, i suoi accompagnatori si sono accomodati nell'angolo del locale in attesa di ordini».

«C'è qualche cosa di particolare di quella donna che le è rimasto impresso?».

«Sì, i suoi occhi».

«Può essere più esplicito?».

«I suoi occhi attiravano l'attenzione per un aspetto particolare: un occhio era di un colore diverso dall'altro, uno era nerissimo mentre l'altro era color antracite. Ma c'era di più: come se non bastasse in lei c'era un leggerissimo strabismo di venere che la rendeva unica».

A furia di approfondire la descrizione della donna Hu si ricordò di qualcuno che aveva conosciuto in passato. Ma di persone Hu ne aveva conosciute tante e la sua memoria incominciava ad arrugginirsi. Il *Cinese* decise a questo punto di esaminare la registrazione delle telecamere che coprivano il passaggio dal corridoio al bar, ma purtroppo, visto il tempo trascorso, le immagini erano state cancellate.

Sempre riguardo a Eliane Merz c'era un aspetto strano, quasi curioso, riportato da Marcel. Il bretone aveva raccontato che mentre si trovava con Robert presso l'agriturismo di Aix-en-Provence aveva chiesto di poter usufruire dei servizi. Nel corridoio che conduceva al bagno, aveva notato una grande fotografia incorniciata che ritraeva un gruppo di famiglia con due persone anziane circondate da giovani uomini e donne. Probabilmente i genitori con i figli. Ebbene, secondo Marcel, una delle giovani donne riprese in quella fotografia, presentava alcune somiglianze con Eliane Merz, la donna che lo aveva ingannato.

Ugul Kadeer
Sulla base di quanto successo in Francia, grazie alle rivelazioni di una giovane francese di nome Christine e a quelle della madre del giovane magrebino ucciso, era evidente che la ragazza uigura era in qualche modo coinvolta sia nel caso del traffico di armi di Marsiglia, sia nella strage di Saint-Malo. Le inattese rivelazioni fatte da Christine a Robert e a Marcel, in cui si alludeva alla ferita da arma da fuoco, lasciavano ipotizzare che Ugul fosse presente al momento dell'assassinio dei sei giovani nell'appartamento della cittadina bretone, ancora da valutare se nel ruolo di preda o di assassina. Robert e Marcel propendevano per l'ipotesi che la giovane uigura fosse riuscita all'ultimo momento a sfuggire agli assassini. Con molta probabilità il suo ruolo era stato quello di preparare, insieme agli altri membri dell'eterogeneo gruppo, il carico delle armi da trasportare al porto di Le Havre. Ugul non alloggiava insieme ai ragazzi ma era giunta nell'appartamento quando la mattanza era già iniziata. Viste queste caratteristiche, era necessario che il gruppo stesse all'erta, perché la ragazza dimostrava di essere molto pericolosa. Quanto comunicato da Christos, vale a dire la morte del fratello della ragazza durante la sessione di interrogatori da lui diretta, permetteva di ipotizzare che al momento la ragazza fosse in preda alla voglia di vendetta. Ma c'era di

più e di più grave: da quando la ragazza era entrata sotto i riflettori dei Sevizi cinesi vi erano stati segnali di strane concomitanze tra i luoghi in cui lei si era trovata e quelli in cui erano avvenuti tre attentati terroristici. Il primo attentato a Lukqun nello Xinjiang, il secondo a Kunming, città del Sud della Cina, e l'altro in pieno centro a Pechino. Per il momento era solo un'ipotesi, ma Hu ebbe la sensazione che la ragazza potesse essere stata parte attiva in questi attentati.

La giovane francese Christine
Oltre a Eliane Merz e Ugul, un'altra figura femminile aveva fatto la sua apparizione in maniera a dire poco singolare in tutta questa vicenda. Era la giovane francese di Dinan che diceva di chiamarsi Christine e di lavorare in una ditta attiva nel commercio di Calvados, specialità sia della Bretagna sia della Normandia. La sua apparizione non sarebbe sembrata strana se, dopo le rivelazioni fatte spontaneamente su Ugul, non fosse improvvisamente scomparsa. E che rivelazioni! Christine aveva raccontato a Robert e Marcel del ferimento di Ugul. Un fatto questo che lasciava la porta aperta alla possibilità che la stessa giovane uigura fosse sfuggita all'attentato o, scenario ancor più incredibile, che la stessa fosse uno degli attentatori. In altre parole, Christine era sbucata dal nulla, aveva fatto dichiarazioni roboanti, aveva dato recapiti falsi e poi, improvvisamente era sparita senza lasciare traccia. Dopo i fatti di Saint-Malo Christine e Ugul erano semplicemente scomparse. Al momento non era possibile sapere se avessero lasciato la Francia. Riguardo alla ragazza uigura, nessuno era stato in grado di stabilire se fosse rientrata in Cina, oppure se, come aveva detto a Christine, sarebbe partita per l'Inghilterra.

La quarta donna
La sua presenza sembrava aleggiare come un fantasma in luoghi e tempi diversi. La prima volta, ma qui il forse è di rigore, aveva fatto un'apparizione sulla scena il 12 novembre 2014 quando fu vista, o meglio intravista, in occasione dell'omicidio dei sei giovani avvenuto tra Aix-en-Provence e Marsiglia. L'autista del Tir aveva rivelato a Robert e Marcel, ma non alla polizia locale, di aver notato, seduta sui sedili posteriori della Mercedes nera, una donna dalle fattezze mediorientali con i capelli lunghi e neri che sembrava dirigere le operazioni. Per un attimo, disse l'autista, i vetri oscurati del sedile posteriore dove sedeva la donna si erano abbassati. Quanto rivelato dall'autista era di enorme importanza. Si trattava di un ricordo flash, improvviso, stimolato dalle puntuali domande di Robert e Marcel.

«*Quella persona sembrava stesse dirigendo la scena come una maligna regista*» - così aveva detto l'autista del Tir.

La seconda volta la donna era apparsa a Marsiglia in occasione dell'acquisto delle armi. Dalla descrizione dell'informatore di Robert, che aveva assistito alla transazione con venditori ceceni, risultava che a condurre l'operazione era stata una donna non più giovanissima, dalla cui descrizione si poteva assumere che fosse la stessa donna intravista nel parcheggio. La terza volta in cui venne notata fu a Cancale dove il giovane Didier aveva invitato i ragazzi uiguri a cena. In quell'occasione lo stesso Didier aveva notato che un'automobile nera aveva rallentato fino a quasi fermarsi proprio davanti alla terrazza del ristorante. Poi, in concomitanza con l'arrivo delle due donne, era ripartita in tutta fretta.

Cosa dedurre da queste considerazioni? La misteriosa donna in questione aveva a che fare non solo con l'agguato al Tir, ma anche con l'acquisto delle armi? Probabilmente quella donna non era solo una comparsa, ma appariva, come aveva detto nella sua semplicità l'autista del Tir, come una delle attrici principali, se non addirittura la regista del film di cui Mister Hu e i suoi uomini stavano ricucendo la trama. Da come appariva sulle scene e nelle situazioni più disparate doveva trattarsi di una professionista di qualche cosa che ancora andava appurato. Un fatto era chiaro: ogni sua apparizione era legata a doppio filo con inganni e uccisioni.

Cosa univa le quattro donne così diverse? Si conoscevano, si sentivano, si consultavano, si muovevano su binari diversi oppure paralleli, collaboravano tra di loro oppure si combattevano? Un aspetto centrale e inquietante, una sorta di denominatore comune, ancora da determinare e poi valutare, legava le donne. Innanzitutto, chi più chi meno, in un modo o nell'altro, aveva avuto a che fare con i tragici fatti di Marsiglia e di Saint-Malo.

Alcune certezze vi erano ma non erano di grande aiuto, anzi. Le quattro donne erano originarie di luoghi diversi, dunque la ricerca andava fatta sia in posti neutrali in cui le donne avevano soggiornato, sia nei luoghi di origine di ciascuna. In questo ultimo caso potevano essere Hong Kong, Pechino e forse un paese mediorientale per Eliane, lo Xinjiang per Ugul, la Francia del Nord per Christine e un luogo non ancora identificato per la donna misteriosa.

DICIOTTO

Mercoledì 17 dicembre 2014
«*Ciao Abigail, sono Ugul, è successa una cosa gravissima. Sta andando tutto a rotoli. Hanno ucciso Osman... maledetti. Lo hanno arrestato a Londra. Lo hanno interrogato e poi lo hanno spinto dalla finestra dell'ospedale. Lo hanno accusato di tramare da Londra contro il governo cinese. Lui faceva il suo dovere di soldato uiguro. Dopo l'assassinio dei miei dieci amici uiguri compiuto da una sorta di gruppo invisibile, questa volta l'assassino ha un nome e un indirizzo e non sfuggirà alla mia vendetta*».

«*Mamma mia... Ugul, è terribile. Quando è successo? Da chi lo hai saputo? Chi pensi sia stato?*».

«*L'ho saputo dall'avvocato che lo difendeva. È un amico della nostra causa. Mi ha detto che chi conduceva le indagini era un vecchio poliziotto di nome Christos Katidis, un greco trapiantato a Londra. Sembra che in passato sia stato il capo di un gruppo che lavorava per i servizi inglesi. Per la miseria, Abigail, il mio fratellino non aveva ancora vent'anni*».

«*Come hanno potuto sapere delle attività di Osman a Londra?*».

«*Me lo sono chiesta pure io. Sicuramente c'è stata una soffiata. Da soli non avrebbero certamente scoperto che Osman teneva i contatti con amici uiguri di Londra. Può essere che a tradirlo sia stato quell'inglese che incontrava ogni sabato. Oppure i parenti della sua amica... ma non credo che avrebbero fatto una vigliaccata del genere*».

«*Di che inglese parli?*».

«*È un professore di geografia che ha passato diverso tempo nello Xinjiang. Così mi ha detto l'avvocato di Osman*».

«*Dove si trova ora questo inglese?*».
«*È stato arrestato anche lui. Può essere che magari sotto tortura abbia fatto il nome di Osman*».
«*Dove ti trovi ora? Che cosa intendi fare?*».
«*Dopo il passaggio in Italia sono tornata nel Sud della Francia, a Mentone. Non so ancora cosa fare. Anzi lo so, ma non so ancora come fare. Di sicuro quel Katidis non avrà vita lunga. Lo troverò e lo ucciderò*».
«*Capisco la tua voglia di vendetta, Ugul, ma stai attenta, quella gente è potente. Come si dice da noi, "la vendetta è un piatto che si serve freddo". Bisogna attendere il momento opportuno senza farsi prendere dalla fretta. Anche se ti capisco. Nella tua situazione anche io avrei voglia di vendicarmi*».

DICIANNOVE

Atene, martedì 30 dicembre 2014
Le due del pomeriggio di una limpida giornata invernale ateniese. I pescatori, tornati da una notte di lavoro, stavano riposando. Come tutti i giorni avrebbero ripreso il largo la notte seguente. Il ristorante sul Pireo, tanto piccolo quanto eccellente, era di Stavros, un amico di lunga data di Christos, ateniese d'adozione come lui. In quei giorni di fine anno il locale era chiuso, ma Stavros aveva detto all'amico che ci sarebbe andato per sistemare la cantina dei vini. Avrebbero mangiato insieme sulla piccola terrazza di fronte al mare. Quel giorno Rosa, la moglie di Christos, era impegnata e lui decise di andarci da solo.

«Ti ho preparato la zuppa di pesce alla maniera di Creta, quella con spigola e finocchio».

«Mi vizi troppo, Stavros, perché non ti riposi un po' nei tuoi giorni liberi?».

«Al diavolo il riposo - rispose Stavros - tra qualche giorno te ne torni a Londra e non ci vedremo prima dell'inizio della primavera. Non voglio perdere questa rara occasione di passare un po' di tempo insieme. Mi mancano le nostre chiacchierate seduti fuori dal mio locale, riscaldati dal sole d'inverno».

Entrambi erano cresciuti nel quartiere del Pireo. I genitori di Christos, come quelli di Stavros non erano ateniesi veraci. Si erano trasferiti ad Atene da Cipro quando, all'inizio degli anni sessanta, la minaccia dell'invasione turca della costa settentrionale della piccola isola si stava delineando. Le case dei loro genitori erano vicine e i due ragazzi erano diventati amici di strada e compagni di scuola e di avventure. Figlio di piccoli albergatori Christos e di pescatori Stavros, avevano trascorso insieme la prima gioventù. Poi le loro strade si erano separate. Il mare ateniese era rimasto l'*habitat* del mite Stavros e il mondo, in particolare il Sud-Est asiatico, era diventato il campo di battaglia dell'avventuroso Christos. Il legame tra i due sarebbe poi diventata Rosa, la moglie di Christos e amica d'infanzia di Stavros che da Atene seguiva le avventure del marito reclutato dai Servizi segreti inglesi.

Quella mattina qualcuno aveva cercato insistentemente di raggiungere Christos telefonicamente presso il suo ufficio di Londra, ma senza fortuna. Il suo assistente aveva detto che era partito per la Grecia. Chi lo stava cercando provò a raggiungerlo sul suo cellulare. Lo fece così assiduamente da riempirgli la casella delle registrazioni. Quel numero era riservato a pochi amici e ai più stretti collaboratori. Un numero segreto che solo pochi intimi conoscevano. Quel giorno però Christos aveva deciso di non portare con sé il cellulare. Non voleva essere disturbato durante l'incontro con Stavros.

In quella luminosa e tiepida giornata dell'inverno greco, persone che nulla avevano a che fare tra di loro, come per una malefica magia si sarebbero tragicamente scontrate in un luogo particolare: il Pireo, familiare a Christos e lontano anni luce da coloro che lo stavano cercando.

Ugul e il suo compagno uiguro non sapevano che quel giorno il ristornate di Stavros sarebbe stato chiuso e che l'amico greco di Christos avrebbe preparato il pranzo unicamente per lui. La fortuna fu dalla loro parte. Migliore occasione non poteva capitare.

Attesero il *Greco* all'uscita di casa, lo seguirono in motocicletta fino a uno dei posteggi del porto, lo pedinarono fino al ristorante e aspettarono pazientemente il momento più opportuno per agire. Christos, solitamente attento a quello che succedeva attorno a lui, quel giorno era distratto. Il suo turbolento passato, in particolare gli avvenimenti legati alla fine dell'attività del gruppo contro il commercio di organi umani, gli avevano procurato molti nemici pronti a vendicarsi anche a distanza di tempo. Ma in quel luogo così fuori mano, in quella magnifica giornata d'inverno, in compagnia del suo amico d'infanzia, si sentiva talmente sicuro da abbassare completamente la guardia.

Un mucchio di pensieri gli ronzavano per la testa: dal Capodanno in arrivo che finalmente avrebbe trascorso ad Atene insieme alla moglie Rosa, dall'altro capodanno, quello cinese, che pensava di trascorrere a Pechino per poter riabbracciare i suoi amici Hu, Wei, Giulio e forse anche Robert. I suoi pensieri passarono poi alla nuova inchiesta che stava seguendo per il *Cinese*. Un affare non da poco che lo aveva visto protagonista a Londra a caccia di terroristi uiguri. L'interrogatorio del giovane Osman e tutto quanto di tragico successo al ragazzo lo avevano scosso. L'immagine del giovane steso a terra in una pozza di sangue dopo la caduta da una finestra dell'ospedale lo perseguitava. Proprio per allontanare questi pensieri Christos era particolarmente contento di passare qualche ora con il suo amico ristoratore. Stavros era indaffarato in cucina e da buon cuoco preferiva non essere disturbato.

I due giovani uiguri raggiunsero la terrazza del ristorante di Stavros dove Christos attendeva il suo amico. Ugul e il suo compagno si avvicinarono al *Greco* che, ignaro, si stava gustando il sole tiepido di quel primo pomeriggio. Sembrava volesse assorbirne il più possibile per poi trattenerlo per le settimane grigie che l'avrebbero atteso a Londra. A quell'ora, dopo il viavai mattutino dei pescatori, la strada era deserta. Il momento scelto non poteva essere migliore. I due, improvvisamente, si piazzarono davanti a Christos il quale, accecato dalla luce, non riuscì a vederli in faccia.

«Ti riconosco, tu sei Christos Katidis, l'assassino di mio fratello Osman che stava lottando per la liberazione dello Xinjiang contro i colonizzatori cinesi. Io rivendico il diritto di vendicarlo e, per questo motivo, ora ti uccido in nome di mio fratello e della liberazione dello Xinjiang uiguro».

La ragazza recitò queste parole tutto d'un fiato mentre il suo compagno riprendeva la scena con il cellulare. Sembrava la prova di una scena di un film o di una *pièce* teatrale. Un testo di una tragedia studiato a memoria e mal recitato, in cui la protagonista lancia un proclama ufficiale, una sorta di *pamphlet* politico. Evidentemente la giovane voleva a tutti i costi che Christos sapesse prima di morire di quali colpe si fosse macchiato. Voleva che il *Greco* capisse l'importanza della causa per la quale lei, suo fratello e i compagni dello Xinjiang stavano combattendo. Poi, senza più attendere, la giovane uigura gettò contro Christos il foglio dal quale aveva letto la solenne dichiarazione di condanna, estrasse la pistola e fece fuoco sul *Greco*.

Nei pochi istanti prima di inabissarsi in un profondo coma, Christos ripensò a quel ragazzo uiguro che aveva fatto arrestare. A quel giovane che aveva approfittato del soggiorno all'ospedale per fuggire e che, spaventato, si era gettato dalla finestra. Ricordò anche il suo disappunto per l'accaduto. In fondo per quel giovane e spavaldo uiguro Christos aveva provato una certa ammirazione. In quella frazione di tempo pensò a come avvertire i suoi uomini a Londra e Hu a Pechino della pericolosità di quella ragazza alta, dal fisico asciutto, dal viso magro, dagli occhi neri e dallo sguardo vivo e severo. Christos stava morendo nel peggiore dei modi, consapevole di lasciare dietro di sé qualche cosa di incompiuto.

Cosa sapeva quella ragazza di Christos Katidis, dei suoi amici, della sua avventurosa gioventù, di Mister Hu e del gruppo che aveva poi creato per sconfiggere la piaga del traffico di organi umani? Cosa sapeva di quell'uomo che amava muoversi da battitore libero nelle scorribande giovanili con Mister Hu in Thailandia? Cosa sapeva la ragazza di quell'uomo avvezzo a pericolose avventure al servizio di un gruppo che operava in simbiosi con i Servizi segreti di tutto il mondo? Cosa sapeva in particolare la ragazza uigura della simpatia che Christos aveva provato per suo fratello minore Osman della cui morte non era direttamente responsabile?

Per un tragico scherzo del destino Christos e la sua assassina avevano molti aspetti in comune: la voglia di libertà, l'intraprendenza, il modo romantico di affrontare le avventure, la conoscenza di quei luoghi tra le montagne, i laghi e le pianure dove si congiungevano il Kirghizistan, il Tagikistan, l'Uzbekistan e il Kazakistan che per Christos erano state meta di innumerevoli inchieste e che per la ragazza sarebbe stato il territorio ideale per la creazione dello Stato islamico delle montagne o Stato del Turkestan Orientale. Quei luoghi, che dal Nord andavano fino all'estremo Sud del Kirghizistan sul confine con l'Uzbekistan, dove si coltiva il cotone, erano retaggio dell'impero sovietico.

Il *Greco* amava raccontare ai suoi amici di quell'anziana donna russa che lo ospitava da anni nella sua casa di Osh nel Sud del Kirghizistan durante i suoi frequenti viaggi nella regione al soldo dei Servizi inglesi. Quella donna russa, che dopo aver deciso di non abbandonare la sua nuova patria, era diventata la responsabile della Posta della città e la docente di inglese in una delle scuole di Osh. Le visite di Christos erano diventate una sorta di tradizione e le facevano un immenso piacere. I due parlavano ore e ore seduti nel giardino pieno di fiori che in primavera emanavano un profumo forte e dolce.

Quella donna gli aveva parlato dello Xinjiang, dove aveva vissuto da giovane, che un tempo era stato dominio sovietico e poi, senza motivo apparente era stato regalato ai cinesi. Di quella donna speciale il *Greco* ricordava le colazioni nel giardino della sua casa. In quel luminoso pomeriggio ateniese l'assassina e la sua vittima avrebbero avuto tante cose da raccontarsi.

Ugul conosceva il Kirghizistan, non lontano dalla sua Urumqi e unito allo Xinjiang da un passaggio incastonato tra altissime montagne dal quale transitavano grandi camion pieni di merci che dalla Cina venivano trasportate in particolare nel ricco Kazakistan. Chissà, forse anche Ugul si era recata nella Valle della Fergana, aveva alloggiato nella straordinaria dimora di quella straordinaria donna e aveva ammirato quel giardino pieno di rose.

Stavros udì i colpi d'arma da fuoco. Si precipitò sulla terrazza. Vide Christos a terra coperto di sangue e due giovani che in tutta fretta si allontanavano. Chiamò subito l'ospedale più vicino, poi la polizia, poi Rosa, la moglic del *Greco*. Nel tardo pomeriggio dopo essere corsa all'ospedale per rendersi conto della situazione di Christos, Rosa chiamò Mister Hu a Pechino.

«Hu, è successa una cosa terribile, hanno sparato al mio *Zorba*. Sapevo che una volta o l'altra qualche cosa di grave sarebbe successo, ma non subito Hu, non in questa radiosa fine d'anno che finalmente avremmo trascorso insieme».

Mister Hu rimase pietrificato. Per il *Cinese* non era concepibile che il suo migliore amico da un momento all'altro potesse non esserci più. Vero che l'anima non muore, vero che attraverso il ricordo la persona che muore rimane nella nostra mente e nel nostro cuore, ma tutto questo non aveva nessun significato per Hu. Christos doveva esserci sempre, per abbracciarlo, per litigare e poi riappacificarsi per poi litigare ancora. Christos, Charles Wei e lui erano destinati a vivere e a morire insieme. Negli anni in cui avevano lavorato fianco a fianco, le occasioni per entrambi di rimanere uccisi in battaglia erano state molte. Che il *Greco* potesse morire ora che in pratica si era quasi ritirato dalla vita attiva aveva tutta l'aria di uno malvagio scherzo del destino. Cosa era successo? Come era potuto accadere? Chi era stato a sparare al suo amico? La notizia dell'attentato a Christos annientò Mister Hu. I due amici avevano ancora tante cose da raccontarsi, ma per Hu il momento più doloroso non era ancora arrivato. Solo più tardi avrebbe saputo che l'attacco a Christos era legato non tanto a vecchie pendenze che il *Greco* aveva con personaggi che aveva combattuto in tutti questi anni, ma piuttosto al nuovo lavoro di monitoraggio dei terroristi uiguri. Per la prima volta nella sua vita il *Cinese* si sentì perso. Dopo un paio di ore di pensieri, di ricordi e di riflessioni, Mister Hu si riprese e chiamò Giulio. Gli raccontò cosa era successo e gli chiese di organizzare il viaggio per Atene.

 I due partirono da Pechino con il primo aereo disponibile in direzione della capitale greca. La storia, pensò Giulio, si ripeteva. Era passato molto tempo da quando Hu e Giulio erano partiti in fretta e furia da Pechino per raggiungere Christos ricoverato in ospedale ad Atene dopo che il *Greco* era stato ferito da un killer che si era introdotto nella sua abitazione. Come l'altra volta, nell'aereo non si scambiarono una parola, entrambi immersi nei loro pensieri. Christos non poteva morire. Per chi lo conosceva bene come Mister Hu, Giulio e Robert, era praticamente impossibile immaginare una vita senza di lui.

 Le visite di Christos a Pechino, prima per organizzare pedinamenti e catture di delinquenti e poi puramente per diletto, erano sempre un avvenimento. A volte, senza preavviso si annunciava quando già era in taxi sull'autostrada che dall'aeroporto porta a Sanlitun. Quando arrivava Christos, il Club di Giulio si animava come mai. Normalmente vi restava una decina di giorni in cui il vecchio gruppo si riuniva per decidere come impostare i nuovi incarichi ricevuti dalla centrale di comando con sede a Londra. Nelle sue visite Christos e Mister Hu si intrattenevano sempre a lungo con Charles Wei, titolare dell'Orchidea Blu e personaggio emblematico di cui solo Hu e Christos conoscevano le particolari attitudini e mansioni.

Appena atterrati ad Atene Mister Hu e Giulio partirono in direzione dell'ospedale. Più tardi, direttamente da Marsiglia, giunse in città anche Robert. Christos era in fin di vita e i medici avevano comunicato che la situazione era ormai irreversibile. Rosa, Giulio e Robert lasciarono Mister Hu da solo nella camera di Christos. Il *Greco* stava morendo, colpito a morte da una sorta di rivoluzione in atto in un paese che non era il suo, una rivoluzione con la quale lui non c'entrava nulla. Era il 30 dicembre del 2014 di quello che per i cinesi era ancora, per poco tempo, l'anno del Cavallo.

Il Cinese, stravolto dalla tristezza e dalla stanchezza, si addormentò sulla poltrona vicino al letto di Christos. In quella grande camera di rianimazione, in un letto non lontano da quello del Greco c'era un giovane con il cuore che stava cedendo. Mister Hu diede un'occhiata alla cartella medica appesa al letto. Trasecolò quando lesse che il ragazzo si chiamava Christos. Il Cinese chiese di parlare immediatamente con il responsabile dell'ospedale.

«Quando sarà il momento – disse Hu al medico – prendete il cuore del mio amico Christos e datelo a quel ragazzo. Poi faremo in modo che il nuovo Christos venga a Pechino, di lui me ne occuperò io».

Rosa, Giulio e Robert nel frattempo erano rientrati nella camera d'ospedale. Svegliato dalla presenza degli altri amici, Hu sembrò aver ritrovato le forze. I suoi pensieri si erano involati oltre la camera d'ospedale. Già si vedeva mentore di un giovane greco con il cuore di Christos giunto a Pechino per rimanerci per sempre. Christos, quello vero, quello vecchio, nel frattempo si addormentò e non si svegliò più.

Dopo il funerale di Christos, Hu, Giulio, Robert e Rosa passarono la giornata a commemorare i momenti passati insieme con il loro amico greco. Mister Hu ricordò le avventure in Thailandia e i bei momenti passati insieme ai ragazzi del gruppo. Giulio e Robert ricordarono le vicissitudini presso il grande albergo di Londra dove Christos li aveva identificati e formati per essere, come lui li chiamava, i suoi arcieri. Rosa raccontò del Christos casalingo che si riposava ad Atene.

VENTI

Pechino, domenica 11 gennaio 2015
Marcel, dopo un momento di smarrimento, si era rituffato nella sua attività di spedizioniere. Mister Hu gli fece un'offerta alla quale non avrebbe potuto rinunciare.
«Tieniti la tua ditta come copertura e lavora con noi - gli disse Mister Hu una sera al Pinocchio - doppio lavoro, doppio guadagno, meno spese, perché avrai meno tempo libero e la sicurezza che la tua società di spedizioni non te la tocca più nessuno».
«Cosa ne dici, Ami Li, dell'offerta di Mister Hu?».
«Hu non fa una proposta del genere a chiunque. Segno che da una parte ritiene che puoi essergli utile e dall'altra significa che ti stima molto. Non è comunque un gioco quello che ti propone. Come ti ho già detto, chi accetta di lavorare con lui deve essere cosciente di mettere in subbuglio la propria vita. Sono contenta se tu accetti, ma d'altra parte non voglio che ti succeda nulla di grave. Pensaci bene, Marcel».
Quella domenica sera, come molte domeniche da quella maledetta volta in cui aveva incontrato Eliane che gli aveva scombussolato la vita, Marcel intendeva raggiungere il bar dell'albergo Ritz. Se per caso l'avesse rivista le avrebbe chiesto spiegazioni su quanto successo e non da ultimo per minacciarla per i danni d'immagine e finanziari subiti per colpa del suo comportamento. Il bretone scoprì che verso quella donna covava sentimenti diversi. Un misto tra rabbia, voglia di vendetta, ma anche una morbosa curiosità di capire a quale scopo avesse deciso di utilizzare proprio lui. Recarsi

di tanto in tanto al Ritz non era solo farina del suo sacco, Mister Hu gli aveva espressamente chiesto di farlo perché la donna, dopo aver organizzato il trasporto di mobili dalla Francia, era scomparsa nel nulla.

In tarda serata un forte vento tiepido, molto strano per la stagione, investì improvvisamente Pechino e la temperatura si alzò di colpo. Non fu una sensazione piacevole perché in quel periodo dell'anno, nella capitale, la gente se ne va in giro imbacuccata fino all'inverosimile.

Mentre Marcel si preparava ad uscire dalla sua abitazione, Mister Hu, affacciato alla finestra del suo attico al trentesimo piano di uno stabile vicino al 798, il popolare quartiere degli artisti di Pechino, si disse che quello strano vento, improbabile per la stagione, doveva essere per forza un segno del destino. Così almeno gli aveva detto tempo addietro un monaco del Tempio del Lama a proposito di avvenimenti particolari legati alla situazione atmosferica. Ne avrebbe parlato con Giulio e con Marcel il giorno seguente. Il *Cinese* era felice perché anche nel bretone, oltre che in Giulio, aveva trovato quello che Christos avrebbe definito "un adepto del Club dei creduloni del Tempio del Lama".

Una telefonata sul cellulare colse Marcel mentre stava uscendo dal portone di casa. La voce era di una donna. Una voce inconfondibile.

«Marcel, sono io... Eliane. Ti devo vedere questa sera, ti devo parlare con urgenza. Ci vediamo allo stesso posto al Riz, alla stessa ora come l'altra volta, vieni da solo».

Quella voce, quel modo diretto e presuntuoso di esprimersi, quell'accento strano e quel tono un po' rauco della voce, Marcel lo riconobbe subito. Le parole della donna non furono una richiesta ma suonarono come un ordine. Avrebbe voluto dirle che quella sera non aveva tempo, che lei non poteva pretendere che lui fosse a sua disposizione, che dopo mesi di assenza non poteva di nuovo intromettersi senza preavviso nella sua vita.

«Eliane, non ho nessun desiderio di incontrarla. Dal mandarla a quel paese mi trattiene soltanto la voglia di capire cosa si nasconde dietro il suo atteggiamento. Ci vediamo dunque al Ritz, ma stia attenta, perché non sono disposto ad essere preso in giro un'altra volta».

Il bretone scelse di darle del "lei" invece del "tu", proprio per dimostrarle la sua rabbia.

Eliane, soddisfatta, chiuse la conversazione. Mentre con la moto si dirigeva verso l'albergo Ritz, Marcel si meravigliò di sé stesso e della sua eccitazione all'idea di incontrare quella donna. Lei era seduta allo stesso posto della prima volta, vestita sempre con molto gusto. Si era portata appresso quel viso un po' arabo, la pelle leggermente olivastra, i capelli neri e mossi, gli occhi un po' allungati alla cinese, uno nero e l'altro di color antracite. L'accompagnavano due uomini massicci. Forse si era organizzata ipotizzando che Marcel avrebbe potuto avere cattive intenzioni nei suoi confronti. Effettivamente con quei due cani da guardia dal volto scuro e la corporatura classica di chi frequenta giornalmente la palestra, se avesse avuto cattive intenzioni, le avrebbe sicuramente messe da parte. Appena Eliane vide Marcel accennò un sorriso e con lo sguardo lo invitò a sedersi accanto a lei. Non c'era che dire, quella donna aveva deciso di prendere in mano ancora una volta le redini del gioco. Il bretone decise di non farsi abbindolare. Poi la sorpresa ebbe la meglio sulle sue intenzioni. Senza lasciargli la possibilità di aprire bocca Eliane si rivolse a Marcel con voce allarmata. Quello che lei disse smorzò di colpo le velleità di vendetta del bretone.

«Ascolta, Marcel, ti ho voluto incontrare di persona, perché devo comunicarti questioni molto importanti. Voglio essere sicura che tu capisca fino in fondo quello che ti sto per dire e chiedere».

Fece una pausa. Probabilmente attese una presa di posizione da parte di Marcel, che non arrivò. Allora continuò.

«Appena avrò lasciato il bar, telefona a Mister Hu, digli che mi hai incontrato e ripetigli esattamente quello che ti sto per dire. Digli che la ragazza uigura che ha ucciso Christos si trova in questo momento in Turchia e più precisamente a Istanbul dove c'è una comunità di uiguri che la sta ospitando. Fallo subito perché lei si sta organizzando per sparire di nuovo dalla circolazione. Probabilmente vuole rifugiarsi in Pakistan dove si sente più sicura. C'è però anche un altro scenario che potrebbe essere di grande interesse per Hu. Sembra che molti uiguri in esilio intendano trovarsi in un luogo di cui non conosco ancora il nome, ma di cui avrò presto conoscenza, per definire una strategia su come impostare la lotta per la secessione dello Xinjiang dalla Cina. C'è in ballo una riunione tra importanti esponenti dei paesi musulmani delle montagne decisi a creare un fantomatico nuovo Stato Islamico».

Poi si fermò e fissò Marcel come per capire se stesse seguendo il suo pensiero.

Marcel cercò in tutti i modi di rimanere calmo. Davanti a quelle rivelazioni, ma in particolare al suo accenno riguardo a Mister Hu, cercò di non perdere il filo di quanto Eliane aveva detto. Questa donna conosce Hu, è al corrente delle loro indagini, poi tutti quegli accenni al terrorismo uiguro, persino della riunione in Kirghizistan. Il fatto che ne sapesse più di loro, che da mesi stavano portando avanti questa inchiesta, lo lasciò di stucco. E poi il riferimento alla ragazza uigura e il fatto che sapesse così bene dove e cosa stesse facendo in quel momento lo scombussolava. Ripresosi dalla sorpresa, Marcel abbozzò una domanda.

«Mi faccia capire meglio. Da quello che mi ha detto, lei conosce Mister Hu. Per quale motivo mi chiede di fare da tramite con lui? Perché non lo chiama direttamente e gli racconta tutte queste storie?».

«Buona domanda, Marcel. Ho conosciuto Mister Hu tanto tempo fa. È possibile che lui si sia dimenticato di me. Strano comunque, perché normalmente chi mi incontra anche una volta sola poi non riesce a dimenticarmi. Vero, Marcel? Ma c'è dell'altro. Come tu sai Hu non è particolarmente propenso a perdonare e sono convinta che un incontro diretto con lui potrebbe terminare male... per entrambi».

«Sono esterrefatto - disse Marcel. - Ricapitolando, lei conosce Hu mentre lui non ha ancora capito che dietro tutta questa macchinazione c'è una donna con la quale aveva avuto contatti in passato. Roba da matti!».

«È proprio così. D'altra parte Hu e io in questo lasso di tempo non ci siamo mai incontrati. Lascia che il *Cinese* lo scopra da solo. Digli soltanto che quella donna è sinceramente dispiaciuta per la vigliacca uccisione del suo amico greco».

L'accenno alla morte di Christos diede il colpo finale a Marcel che, a questo punto stava ammettendo di non capirci più nulla. Quella donna non solo affermava di conoscere il *Cinese* ma conosceva pure Christos. Da come si esprimeva sembrava che in passato tra i due vecchi e lei ci fosse stato qualche cosa che li accomunava.

«Tu dici di conoscere oltre a Mister Hu anche Christos, ma come è possibile che lui non abbia pensato a te come centro dell'indagine? Com'è possibile che il nome Eliane Merz non abbia suscitato nessun ricordo e nessuna sensazione?».

«Forse Hu sta diventando vecchio, forse non poteva immaginare che io fossi legata ad avvenimenti riguardanti gli uiguri, forse mi sono nascosta tanto bene da non farmi scoprire. Forse, anzi, senza forse, perché il mio vero nome non è Eliane Merz. Ma ora lasciamo perdere queste questioni. Ti prego vai da Hu e riferisci quanto ti ho detto».

Eliane, o come si chiamava quella misteriosa donna, abbandonò il locale scortata dai due guardaspalle lasciando Marcel, confuso sul da farsi, appoggiato al bancone del bar. Il bretone cercò il numero di Hu, quello segreto che teneva in tasca e che il cinese gli aveva detto di non inserire nel cellulare. Non lo trovò, forse lo aveva lasciato a casa.

«Maledetto Hu, lui e le sue manie».

Poi uscì dall'albergo, inforcò la moto e partì in direzione di Sanlitun per raggiungere il Pinocchio dove sapeva avrebbe trovato il *Cinese*. Durante il viaggio, che per la prima volta gli sembrò lunghissimo, si chiese ancora una volta come facesse quella donna a conoscere Hu, come potesse essere in possesso di tutte quelle informazioni sul luogo dove si trovava la ragazza uigura, come sapeva che Christos era stato ucciso e come mai proprio ora, dopo tanto tempo, avesse deciso di mettersi in contatto con loro. Smise di porsi domande e salì di corsa gli scalini del Pinocchio. All'interno del locale c'erano Mister Hu e Giulio. Tutto d'un fiato trasmise ai due il messaggio di Eliane Merz.

Per la prima volta Marcel vide sul volto di Mister Hu i segni di un grande turbamento. Poi il *Cinese* uscì dal locale. I due, incuriositi lo osservavano dalla finestra. Hu passeggiava curvo su e giù sulla strada di fronte al Pinocchio. C'era tanta gente, ma lui sembrava non vederla e non sentirla. Cercava di raccogliere le idee, in modo da trovare una collocazione logica ai pezzi di un puzzle complicato. Quella donna stava lentamente assumendo un volto familiare. Poi rientrò nel locale. L'espressione del *Cinese* era quella di una persona investita da un fulmine. Hu ordinò una di quelle grappe cinesi che, come la cocaina, il cervello o lo ammazzano del tutto o gli permettono in pochi secondi di riprendere a ragionare. Decisamente la seconda versione era quella che Hu stava sperimentando.

«Giulio e Marcel, più in là vi spiegherò tutto, ma ora dovete partire immediatamente per Istanbul».

I due si guardarono allibiti. Il *Cinese* stava decisamente dando di matto. In realtà Hu non aveva tutti i torti. Giulio e Marcel formavano una coppia perfetta per questa missione nella città turca. Giulio conosceva Istanbul molto bene per averci lavorato in diverse occasioni a fianco di una giovane del gruppo contro il traffico di organi umani. Invece, dopo l'esperienza di lavoro in comune in Francia con Robert, sotto la guida di Giulio, Marcel avrebbe avuto la possibilità di migliorarsi ulteriormente.

«Hu - chiese Giulio - siamo sicuri di poterci fidare di quella donna?».

«Non lo so, ragazzi, proprio non lo so, ma quello che so è che il racconto di questa Eliane, o chi per essa, non può essere frutto unicamente di fantasia. Chi conosce questi dettagli deve essere in possesso di informazioni veritiere. Comunque dobbiamo ammettere che questa è l'unica strada praticabile per far avanzare la nostra inchiesta. Come nel gioco del poker bisogna assolutamente "andare a vedere"».

Pechino-Istanbul, sabato 17 gennaio 2015

La caccia alla ragazza uigura era iniziata. Bisognava fare in fretta perché una delle vie di fuga dalla Turchia poteva essere la Siria e poi il passaggio in luoghi ancora più discosti dove nessuno, a parte qualche razzo americano o russo, avrebbe potuto fermarla. Il *Cinese* pensò a un suo amico tedesco che aveva collaborato con lui nella ricerca degli assassini di una delle sue osservatrici di stanza a Istanbul.

L'ultima volta che si erano sentiti era circa due mesi prima e il collega dei Servizi tedeschi in quell'occasione gli aveva detto di essere stato inviato in Turchia. Mister Hu gli aveva chiesto di monitorare, attraverso la sua rete, l'eventuale presenza di cittadini cinesi di etnia uigura che si stavano attivando per attraversare la frontiera con la Siria. Non era sicuro che l'assassina di Christos avrebbe preso quella direzione, ma era possibile e dunque valeva la pena concentrarsi su quell'itinerario. Il suo amico era la persona giusta per farlo. I Servizi tedeschi lo avevano inviato ad Istanbul perché la grande città turca era diventata il centro dei passaggi di giovani jihadisti europei diretti in Siria e in Iraq. Ma non solo: la stessa Istanbul era pure diventata il luogo di transito dei terroristi europei che intendevano rientrare nel vecchio Continente.

Dalla Germania erano partiti diversi giovani di origine turca, figli di immigrati. I tedeschi temevano che alcuni dei giovani potessero tornare in Germania per compiere attentati. Il compito del tedesco, amico di Hu, fu allora quello di monitorare i siti web che reclutavano i nuovi adepti in Germania e scovare le strutture di accoglienza di questi giovani su territorio turco. Attraverso la sua capacità ed esperienza era riuscito ad entrare nella rete, a visionare e poi seguire passo per passo i colloqui di reclutamento dei giovani.

Il problema della Cina era simile a quello della Turchia, ma meno intenso rispetto a quello dei paesi europei. Il numero dei giovani uiguri dello Xinjiang che andavano a combattere per l'ISIS era significativo, ma comunque minore di quello dei giovani europei di seconda o terza generazione. Si stimava che circa trecento uiguri avessero soggiornato nei campi di addestramento turchi. Un centinaio avrebbe invece passato la frontiera con la Siria.

Preoccupazione c'era pure per il fatto che giovani non cinesi, generalmente pachistani, avevano tentato di entrare in Cina a dare manforte ai loro fratelli uiguri in attività terroristiche.

A partire dal 2013 gli attentati dei separatisti uiguri avevano causato diverse centinaia di morti e la loro tecnica terroristica si era di molto affinata.

L'amico di Hu era al corrente della presenza a Istanbul di un gruppo di persone dei paesi dell'ex Unione Sovietica, in particolare Kirghizistan, Uzbekistan e Tagikistan che avevano aderito, unitamente a studenti uiguri, a una delle organizzazioni più radicali che si nascondevano nei dintorni della cittadina Osh, nella valle della Fergana, sulla frontiera tra l'Uzbekistan e il Kirghizistan. Il gruppo era nato in concomitanza con l'esplosione della primavera araba, ma, contrariamente a quella egiziana, tunisina o algerina, la loro rivoluzione si tingeva di fanatismo religioso più vicino alle teorie del Califfato islamico.

L'amico di Hu promise che avrebbe cercato di inserire degli infiltrati in modo da potergli segnalare i nomi degli uiguri presenti nell'organizzazione. Avrebbe così inviato a Hu tutte le informazioni necessarie sulla ragazza, comprese alcune fotografie appena giunte dalla Cina.

Quel giorno il sole che si specchiava nel Bosforo riuscì appena a scaldare il clima freddo e umido del gennaio di Istanbul. Il pensiero che Christos non c'era più, che non gli avrebbe più reso visita a Pechino perseguitava Mister Hu. Per Dio, come aveva detto Rosa, Christos era uno che non poteva non esserci.

VENTUNO

Istanbul, lunedì 19 gennaio 2015
Come mai Eliane Merz sapeva di Ugul e quale interesse aveva nel segnalare a Mister Hu la presenza nella grande città turca della giovane uigura? Come mai Eliane Merz conosceva Christos e sapeva che era stato ucciso ad Atene dalla ragazza uigura? E da ultimo, come mai Eliane Merz era al corrente in modo così capillare del luogo, dei tempi e del perché dell'incontro tra gli uiguri in esilio allo scopo di definire la strategia per la secessione dello Xinjiang dalla Cina e la creazione di un nuovo Stato islamico indipendente?

Sta di fatto che dopo l'organizzazione del finto trasporto di mobili antichi era chiaro che Eliane si muoveva su piani diversi, paralleli, a volte imprevedibili. Con grande sorpresa Giulio e Marcel constatarono che Mister Hu, sempre poco propenso ad accordare merito e fiducia a rivelazioni non comprovate da fatti, in questo caso aveva deciso di dare pieno credito alle segnalazioni di Eliane Merz.

Su ordine di Mister Hu i due avevano lasciato Pechino per Istanbul, alla ricerca della giovane uigura. Dopo l'uccisione di Christos, per la vicinanza con la Grecia e per la sua posizione geografica, Istanbul era forse la città dove Ugul avrebbe potuto nascondersi più facilmente e muoversi in incognito e, se necessario, scomparire senza lasciare traccia. I migranti in fuga dalla Siria, dall'Iraq e dall'Afghanistan, i jihadisti europei con biglietto di andata e ritorno dall'Europa alla Siria rendevano assai difficoltoso il controllo della popolazione nella città turca. La guerra della Turchia su due fronti, quello interno e feroce contro i curdi del PKK e quello esterno contro i guerriglieri dell'ISIS, rendevano la situazione difficile per la popolazione, ma facile per chi voleva sfuggire ai controlli. Nel frattempo il governo islamico di Erdogan, eletto con voto popolare, stava smantellando le tesi laiche di Atatürk.

In Turchia Ugul poteva contare, come aveva suggerito Eliane, su una importante presenza della diaspora uigura. La segnalazione sulla sua presenza a Istanbul era molto circostanziata e non sembrava il frutto di un'improvvisazione. Coloro che ospitavano la ragazza erano stati definiti come importanti esponenti dei gruppi islamici separatisti attivi nella Provincia dello Xinjiang. Si trattava di gruppi di recente islamizzazione che praticavano la violenza in nome dell'Islam radicale ricevendo fondi da diversi stati del Medio Oriente. La segnalazione raccontava della presenza di Ugul a Istanbul senza però indicare un indirizzo preciso. Venivano invece citati locali pubblici, alcuni caffè e ristoranti in particolare, dove sovente i cittadini uiguri residenti in città si ritrovavano.

I giovani utilizzavano Internet per darsi appuntamento. Giulio, da parte sua, aveva ricevuto informazioni dall'importante contatto tedesco di Mister Hu a Istanbul. Si trattava del padre di una giovane componente del gruppo contro il commercio degli organi umani brutalmente uccisa vent'anni prima. Quell'uomo, militare di carriera e ora consulente dei servizi segreti turchi conosceva la città in modo capillare. I Servizi turchi, emanazione dell'apparato militare, vigilavano sulla situazione del paese e, come in altri stati, per esempio l'Egitto e la Thailandia, ma anche stati latinoamericani, erano pronti ad interventi di ultima istanza qualora la situazione del paese fosse degenerata.

Giulio e Marcel si incontrarono con il prezioso contatto di Mister Hu il quale assicurò loro la sua incondizionata collaborazione attraverso il monitoraggio delle conversazioni sulla rete da parte di persone vicine al terrorismo uiguro. Quell'uomo aveva già sotto controllo diverse cellule terroristiche presenti a Istanbul e sicuramente avrebbe potuto essere di grande aiuto. Marcel ancora una volta sperimentò dal vivo la forza del gruppo di Mister Hu. In molti paesi in Europa e fuori dal Vecchio Continente vi erano persone disposte ad aiutarli. Di solito si trattava di agenti o ex agenti di polizia o dei Servizi segreti locali. Nel frattempo il contatto di Hu accompagnò Giulio e Marcel nei luoghi che Eliane Merz aveva segnalato.

Giulio aveva la mania della conoscenza perfetta dei posti in cui avrebbe dovuto muoversi e così, nello spazio di due giorni, i due fecero il sopraluogo di tutti i locali rivelati dal contatto di Mister Hu. L'aiuto dell'uomo si rivelò preziosissimo tanto che in poco tempo Giulio e Marcel si impratichirono dei luoghi nei quali avrebbero operato nei giorni seguenti.

Istanbul, mercoledì 21 gennaio 2015
«Eccomi ragazzi - disse il contatto di Hu - ci siamo, ora incomincia la festa. Andate al Gran Caffè del Porto sul Bosforo, quello che abbiamo visitato ieri in serata. I miei informatori mi hanno comunicato che in quel luogo oggi si terrà una riunione di simpatizzanti della causa uigura. Con molta probabilità la ragazza che state cercando sarà della partita».

Il Gran Caffè del Porto non corrispondeva più al suo presuntuoso nome. L'interno, ormai consumato dal tempo, ricordava a fatica un passato glorioso contraddistinto dalla frequentazione negli anni Venti di personaggi importanti e di donne sofisticate. Giulio e Marcel definirono nei minimi dettagli la tattica da adottare. Per far fronte ad eventuali momenti di pericolo, il contatto di Hu aveva chiesto ad un paio di suoi uomini di mantenersi vicino al Gran Caffè in modo da gestire al meglio, nel caso ce ne fosse stato bisogno, la via di fuga. Giulio pensò di giocare d'astuzia e per rendere l'incontro più casuale possibile decise di recarsi al locale prima dell'arrivo della ragazza uigura. L'obiettivo dell'operazione era molto chiaro ed era stato deciso da Hu. Ugul non doveva essere uccisa, ma unicamente rintracciata per poi monitorare i suoi spostamenti in modo da anticipare le sue prossime mosse. Per esempio se l'intenzione di recarsi in Kirghizistan corrispondeva alla realtà, seguendola sarebbe stato possibile identificare la mente della rete terroristica e, con un po' di fortuna, quella legata al traffico di armi dall'Europa alla Cina.

Giulio era già seduto al bar del Gran Caffè quando la ragazza apparve sulla soglia del locale. Era in compagnia di due giovani dai tratti turcomanni. Da lì a poco altri quattro ragazzi si aggregarono a loro. Erano silenziosi e circospetti. Si sedettero a un tavolo d'angolo e iniziarono a discutere nella loro lingua. Uno di loro posò un grande foglio sul tavolo e si mise a commentarlo. Giulio vide che si trattava di una carta geografica. Un altro giovane entrò nel locale e, dopo i saluti di rito, distribuì a ognuno dei convenuti una busta che Giulio, viste le dimensioni, ipotizzò contenere biglietti d'aereo. La discussione durò parecchio e Giulio iniziò a pensare che per non destare sospetti avrebbe dovuto lasciare il Caffè. Non era per niente soddisfatto, perché non aveva elementi di giudizio per decifrare quali fossero le prossime intenzioni del gruppo. Il fatto che tra di loro stessero discutendo nella loro lingua gli impedì di capire quali sarebbero state le loro prossime mosse. Una cosa aveva però capito: la ragazza uigura era ancora una volta considerata da tutti un vero e proprio *leader*, una specie di ambasciatrice in missione presso la diaspora uigura di Istanbul.

Poi la sorpresa: nel Caffè entrò una giovane europea che si avvicinò al gruppo degli uiguri intenti ad esaminare la carta geografica. L'accolsero come fosse una di loro. Giulio controllò sul suo cellulare le fotografie dei personaggi fino a quel momento coinvolti nella vicenda e con grande meraviglia vide che si trattava della giovane Christine che Robert e Marcel avevano incontrato a Saint-Malo e che, dopo aver segnalato la presenza di Ugul in Bretagna e aver raccontato del suo ferimento da arma da fuoco, era scomparsa nel nulla.

Incredibile ma vero. Quel giorno, in un locale di Istambul, a migliaia di chilometri dalla Francia del Nord, Ugul e la misteriosa giovane francese si ritrovarono a complottare in favore della causa uigura. Christine si unì al gruppo e si sedette vicino a Ugul. Non degnò Giulio nemmeno di uno sguardo. Poi improvvisamente si alzò e sembrò dirigersi verso di lui. Così almeno lui credette e si irrigidì preparandosi al peggio. La giovane invece gli passò accanto guardandolo negli occhi per una frazione di secondo ed entrò nelle *toilette* del locale, che stavano proprio dietro di lui. Quando uscì, passandogli nuovamente accanto, la sua mano toccò volontariamente la giacca di Giulio, come per segnalargli che lo aveva riconosciuto e prese posto di nuovo accanto ai giovani uiguri. Dopo pochi minuti, i membri del gruppo si alzarono, pagarono le consumazioni e uscirono dal locale. Appena fuori si dispersero in varie direzioni. Giulio mise una mano in tasca e trovò un biglietto lasciatogli dalla francese quando lo aveva sfiorato. Uscì anche lui dal locale e vide Marcel avvicinarsi in fretta e furia.

«Giulio, hai visto quella giovane dai capelli chiari che è entrata nel ristorante? È lei quella che a Saint-Malo ha raccontato a Robert e a me della ragazza uigura e poi è sparita nel nulla».

«Sì, l'ho vista e poi l'ho riconosciuta guardando le foto che mi avete inviato da Saint-Malo. Questa sbuca dal nulla in Francia, scompare per poi ricomparire come per miracolo a migliaia di chilometri di distanza».

Il biglietto consegnato da Christine a Giulio e Marcel *Lunedì 26 gennaio al mattino mi trasferisco con Ugul e gli altri uiguri a Biskek, la capitale del Kirghizistan. Non so ancora cosa stia succedendo, ma ho l'impressione che si tratti di qualche cosa di molto importante.*
Un'ora dopo, il contatto di Hu chiamò Giulio.
«Dobbiamo incontrarci immediatamente, ho da comunicarvi importanti novità che dovreste trasmettere a Hu. Nel frattempo, a pedinare la ragazza uigura ci pensano i miei uomini. State tranquilli perché lo sanno fare bene».
Si incontrarono un'ora dopo all'indirizzo da lui indicato. Un'altra sorpresa. Il luogo era un bar chiamato Pinocchio nel centro della vecchia Istanbul. Sembrava fosse stato ideato e costruito a precisa somiglianza del Pinocchio di Giulio che di questa sorta di clone era a conoscenza.
«Non so ancora di preciso quando - disse il contatto di Hu - ma state molto attenti perché la ragazza uigura nei prossimi giorni partirà per il Kirghizistan con il gruppo di persone che ha incontrato qui a Istanbul. So che molto presto ci sarà un incontro al vertice tra i gruppi secessionisti islamici radicali di diversi paesi che vogliono istituire una sorta di "Califfato delle montagne", una specie di "ISIS delle montagne". Ci saranno kirghisi, tagiki, kazaki, e uzbeki. La riunione si svolgerà in un vecchio residence dell'era sovietica sul lago Issyk Kul (lago caldo), sulla strada per il passo che dal Kirghizistan porta nello Xinjiang. Ugul guiderà la missione uigura. Il gruppo partirà in aereo da Istanbul in direzione di Biskek. Alloggeranno una o due notti all'albergo Imperia, vicino al casinò, l'unico quat-

tro stelle della città. Poi partiranno verso il luogo dell'incontro. Non so come intendete usare questa notizia ma fate molta attenzione perché i giovani uiguri sono spaventati e arrabbiati per quanto successo ai loro amici a Marsiglia e a Saint-Malo. Inoltre se dovessero scoprire che li state seguendo potrebbero sospendere il convegno. Se posso darvi un consiglio dovreste lasciare le prossime mosse a Mister Hu».

Ancora una sorpresa: di fatto il contatto di Hu a Istanbul e la misteriosa Eliane erano, apparentemente senza conoscersi, entrambi al corrente di informazioni importanti che avrebbero dovuto essere coperte dal più ferreo segreto. La comunicazione inviata da Giulio a Hu mise sul chi vive il *Cinese*, che si attivò immediatamente. Sentiva odore di avvenimenti importanti e non voleva perdere l'inaspettata ghiotta occasione. Chiamò il suo assistente a Pechino e lo informò dell'incontro in Kirghizistan.

Hu avrebbe assunto l'incarico di coordinare da Pechino il lavoro in comune con le autorità kirghise, luogo dove l'incontro avrebbe dovuto svolgersi. Si trattava a questo punto di organizzare nel più breve tempo possibile il monitoraggio di questo importante incontro con l'aiuto dei Servizi segreti kirghisi, ma pure quelli delle altre nazioni toccate dal fenomeno del secessionismo islamico. Erano tutti paesi dell'ex Unione Sovietica e la Cina aveva mantenuto con loro buoni rapporti di vicinato. La Russia era molto interessata ad evitare che i paesi della sua ormai terminata sfera di influenza fossero contaminati dall'islamismo radicale. Mister Hu discusse a lungo della situazione con il suo amico pari grado attivo in Kirghizistan, un russo che era rimasto al servizio dei nuovi amministratori del paese dopo che Mosca si era ritirata. Con lui avrebbero designato le modalità d'intervento. Hu chiese al funzionario di lasciargli carta bianca sulla ragazza uigura e lui non avrebbe interferito nell'azione dei Servizi kirghisi sul convegno previsto sul lago Issyk Kul.

VENTIDUE

Biskek, Kirghizistan, lunedì 26 gennaio 2015
A partire dal mese di novembre a Biskek di turisti non ce ne sono, perché tenuti lontano dalle difficili condizioni meteorologiche. L'attrattiva principale del Nord del Kirghizistan è costituita dalle montagne, altissime e impossibili da visitare in inverno, ma di grande interesse per gli escursionisti in estate e fin verso ottobre. In quel lunedì di gennaio Biskek, a 800 metri di altitudine, era avvolta da un alone di gelo e spazzata da un forte vento. La neve si era congelata a terra rendendo il paesaggio idilliaco grazie al contrasto tra il blu brillate del cielo e il bianco della neve. Il Kirghizistan è un paese bellissimo ma fuori dal mondo, stretto nella morsa delle montagne dell'Uzbekistan, Tajikistan, Kazakistan e Cina.

Mister Hu era volato a Biskek per discutere con i Servizi segreti kirghisi le modalità dell'intervento sul luogo del prospettato incontro dei gruppi secessionisti islamici della regione. Non c'era stato molto tempo per organizzare i dettagli dell'operazione. Nessuna strategia già pronta dunque, ma la necessità di muoversi in fretta, con precisione e, se del caso, anche a braccio. Hu suggerì ai Servizi kirghisi di evitare il coinvolgimento della politica nella delicata missione. Così facendo si sarebbe evitato l'obbligo di venire a patti con la forte componente islamica moderata del parlamento kirghiso. Solo i militari e i Servizi segreti, fra i quali la presenza russa era ancora numerosa, erano stati invitati alla definizione della strategia d'intervento da parte kirghisa.

Per evitare un eventuale imbarazzo cinese se le cose non fossero andate per il verso giusto, Mister Hu aveva deciso di non avvisare ufficialmente Pechino della sua iniziativa. Così facendo i rischi e le colpe sarebbero caduti tutti sulle sue larghe spalle. D'altra parte questa era l'intesa con il governo cinese, alla base del suo onorato e ben retribuito lavoro.

Venne stabilito di comune accordo tra Hu e i kirghisi che l'operazione avrebbe dovuto essere il più possibile indolore. Lo scopo principale era l'identificazione dei *leader* della secessione dei vari paesi presenti all'incontro. Il *Cinese* pretese carta bianca per l'arresto della ragazza uigura e della giovane francese che insieme ad altri militanti sarebbero presto giunti a Biskek con un volo da Istanbul. A Pechino Hu aveva disegnato un piano d'azione segreto da affinare ulteriormente quando i giovani uiguri sarebbero giunti nella capitale kirghisa. Chiese ai Servizi kirghisi di aiutarlo a mettere in atto una sorveglianza capillare del gruppo di attivisti in provenienza da Istanbul. Il *Cinese* era deciso a scoprire quello che il gruppo avrebbe intrapreso nei giorni precedenti il convegno.

Appena atterrati all'aeroporto di Biskek i giovani uiguri partirono in direzione del centro città. Un tragitto breve tra prati coperti di neve e boschi. Le camere dell'albergo dove i giovani avrebbero alloggiato per due notti vennero microfonate dai Servizi kirghisi in modo da apprendere in dettaglio quali sarebbero stati i loro movimenti nei giorni successivi. Nel frattempo il lavoro di Robert in Francia, di Giulio e Marcel a Istanbul era terminato. Con il loro operato avevano gettato le basi per il successo dell'operazione in Kirghizistan.

I Servizi kirghisi avrebbero voluto intervenire immediatamente e arrestare Ugul che ritenevano una importante cellula sovversiva uigura. Mister Hu frenò però i loro impulsi. Quale massimo responsabile cinese della lotta al terrorismo di matrice uigura voleva evitare che un intervento puntuale nei confronti della giovane potesse giungere alle orecchie degli organizzatori del convegno e, nella peggiore delle ipotesi, alla decisione di annullarlo. Mister Hu fece in modo che, oltre ai Servizi cinesi, a essere a conoscenza dell'importante riunione vi fossero solo un paio di alti dirigenti kirghisi che sarebbero stati chiamati a intervenire al momento più opportuno. E il momento opportuno lo avrebbe deciso Mister Hu.

La soffiata della giovane francese Christine, della quale non era ancora ben chiaro il gioco, parlava di un ritrovo in un vecchio *residence* sul lago Issyk-Kul, un grande bacino di acqua dolce a Nord di Biskek a circa 1.600 metri, circondato da foreste e da altissime montagne, con spiagge sabbiose e sorgenti di acqua termale. Un lago misterioso con l'acqua sempre tiepida che si dice essere miracolosa. Durante le serate gelide, nel tepore delle *yurte*, gli abitanti del posto raccontano ancora oggi ai figli della presenza nel lago di due enormi draghi che, se disturbati, lanciano fiamme all'impazzata. Ecco il perché dell'acqua tiepida del lago. Anche quando la temperatura dell'aria in inverno scende sotto lo zero e il vento sferza l'immensa vallata facendo alzare impressionanti nuvole di neve polverosa, il lago non gela mai. Un bacino d'acqua improbabile in un luogo stupendo incastonato tra le montagne, così Mister Hu descrisse in una telefonata a Robert, Giulio e Marcel il luogo dove le scorribande mortali della ragazza uigura avrebbero avuto fine.

Il *residence* in cui doveva avvenire l'incontro dei personaggi importanti legati alla creazione di uno stato indipendente di matrice islamica, andava di moda ai tempi dell'Unione Sovietica quale luogo di villeggiatura e di cura per i membri del partito comunista che erano stati trasferiti in Kirghizistan con il doppio compito di tenere sotto controllo la popolazione e i loro rappresentati e far crescere l'economia del Paese. Ai tempi della dominazione russa, il Kirghizistan non era ricco, ma la popolazione viveva dignitosamente grazie all'allevamento di bovini, all'agricoltura, alla lavorazione dei prodotti della terra a Nord di Biskek e alla coltivazione del cotone a Sud del paese, in particolare nella Valle della Fergana. Partiti i russi all'inizio del 1991, il paese si era trovato da solo ad affrontare il suo futuro. La maggior parte dei cittadini russi era rientrata in patria, altri continuavano la loro attività a Biskek e a Osh, città principale del sud del Paese. Molti erano insegnanti e ingegneri. Da Biskek in direzione Nord, vale a dire verso le montagne che raggiungono anche quota 7.000 metri, attraverso un passo stradale si può raggiungere lo Xinjiang. Il passo è molto frequentato da maggio a ottobre dai grandi automezzi che portano merci dalla Cina al Kazakistan.

Mister Hu capì immediatamente di essere nel posto giusto. Sapeva di trovarsi nel bel mezzo di una riunione di secessionisti di vari paesi che attorniavano il Nord-Est della Cina. Secessionisti che cercavano di sensibilizzare alla loro causa gli islamici dello Xinjiang, in particolare la popolazione uigura composta da circa dieci milioni di persone che rappresentava la metà degli abitanti della grande provincia cinese. Il suo compito sarebbe stato quello di facilitare l'intervento dei Servizi segreti kirghisi per fermare e identificare i partecipanti al convegno con passaporto cinese. La Cina aveva recentemente stretto un trattato con il Kirghizistan in cui il Paese, povero e montagnoso avrebbe, in compenso di sostanziosi aiuti finanziari, contribuito a debellare il terrorismo uiguro e la sua volontà secessionista. Di fatto la Cina riempiva di soldi le casse del Paese e, probabilmente, anche quelle di qualche notabile del posto.

Giunta in camera, Ugul fece diverse telefonate, naturalmente intercettate. Due si rivelarono di particolare interesse per mister Hu. La prima a un numero di cellulare, poi localizzato nel *residence* sul grande lago. La ragazza e il suo interlocutore parlavano in dialetto uiguro. Per decifrare la registrazione fu necessario l'intervento di un traduttore. Le informazioni raccolte permisero di riconfermare il giorno dell'incontro sul lago e di identificare uno dei personaggi importanti dei secessionisti uiguri che avrebbe presenziato all'incontro stesso. Si trattava di un anziano insegnante universitario di etnia uigura da diverso tempo attivo a Pechino. Quel personaggio frequentava spesso un piccolo ristorante in un *hutong* vicino al Tempio del Lama. Qualche mese fa i Servizi segreti cinesi lo avevano intercettato e poi pedinato, mentre incontrava la giovane uigura.

La seconda telefonata di Ugul fu a un numero di una carta prepagata di Hong Kong. Ugul parlò in inglese con una donna. La registrazione della telefonata non permise agli inquirenti di risalire al nome dell'interlocutrice ma, dall'esame degli esperti riguardo alla voce e al linguaggio utilizzato dalla donna, ne uscì un ritratto interessante. Voce abituata al comando, inglese corretto con influenza di diverse altre lingue, in particolare il cantonese e alcune inclinazioni di arabo. Ugul informò la donna del suo arrivo a Biskek e riferì anche della giovane francese conosciuta a Dinar che, su sua specifica richiesta, aveva accettato di accompagnarla prima a Istanbul e in seguito al convegno sul lago. Ugul disse che di lei si fidava e la sua presenza nella capitale turca le era stata di grande aiuto. La giovane francese aveva riferito a Ugul del suo passato intriso di ribellione verso le crescenti imposizioni delle autorità transalpine. L'insofferenza verso l'autorità l'aveva portata ad avvicinarsi sempre più ai gruppi anarchici francesi. Christine, sempre secondo Ugul, dimostrava di avere a cuore le rivendicazioni uigure.

Anche la camera di Christine era stata messa sotto controllo. Una delle sue telefonate si rivelò addirittura sconvolgente, un vero e proprio cambio di paradigma, un fatto straordinario che lasciò di stucco il vecchio *Cinese*. Anche la giovane francese chiamò lo stesso numero di Hong Kong e parlò con la stessa donna con la quale aveva precedentemente parlato Ugul. La donna si muoveva con estrema facilità da un paese all'altro riuscendo a manovrare a piacimento i suoi interlocutori, conosceva Ugul e Christine e questo all'insaputa di Ugul.

«Buongiorno, sono Christine, sono a Biskek. Presto parto con chi sai per il *residence*. Sto studiando il miglior modo per lasciare il gruppo prima che sia troppo tardi».

Ma era solo l'inizio. L'inchiesta stava prendendo una piega inattesa e più complessa. Il *Cinese* ascoltò più volte la telefonata di Christine e ogni volta nuovi elementi venivano a galla. Nel corso della telefonata con Christine, la donna cambiò registro e, con grande sorpresa di Hu, le due si misero a parlare in Ivrit, la lingua dello stato d'Israele. Dalla telefonata Hu poté dedurre che Christine lavorava alle dipendenze della donna e, cosa ormai appurata, entrambe, ma in forma separata, conoscevano e si intrattenevano con Ugul.

Christine riferì alla donna cosa sarebbe successo nel corso dell'incontro sul lago, comunicò i nomi dei membri del gruppo partito da Istanbul e disse di aver preso contatto, come da suo ordine, con i due francesi incontrati in Normandia, coordinati da un anziano e potente cinese. Mister Hu era esterrefatto. Mai avrebbe immaginato che alla sua età e dopo una vita spericolata come la sua avrebbe potuto essere sorpreso da rivelazioni di questo tipo.

Biskek, martedì 27 gennaio 2015
Ugul, Christine e gli altri compagni di viaggio partirono presto il mattino dall'albergo. Due potenti 4x4 attendevano i giovani nel posteggio dell'albergo. Hu e i suoi uomini aspettarono a fari spenti sulla strada. Il viaggio si presentò difficoltoso ma per Hu e i suoi le condizioni climatiche resero il pedinamento più facile. Durante la notte, la temperatura si era abbassata a causa di un forte vento in provenienza dalle montagne che sollevava la neve e rendeva difficile la visibilità. Le auto dei giovani viaggiavano a velocità sostenuta. Il dislivello di circa 800 metri tra Biskek e il *residence* sul lago era il tratto più difficile da percorrere. Poi, una volta raggiunto e superato il terrazzo naturale, il lago apparve in tutto il suo splendore.

Lo costeggiarono per circa un'ora per arrivare al vecchio *residence* sovietico che si trovava a circa metà lago. La tradizione orale racconta che le mucche, che fino a fine settembre pascolano ai lati della strada, hanno strani e gioiosi comportamenti perché in quel posto, che sembra il Paradiso, in mezzo all'erba cresce una qualità di canapa dai valori incredibili.

Per non essere scoperti durante il tragitto, Hu e i suoi uomini avevano predisposto l'utilizzo di diverse automobili che il giorno prima erano state posteggiate in vari punti della strada in direzione del *residence*. Avevano scelto accuratamente mezzi di trasporto di diverso tipo: *pick-up* di uso comune fra i contadini, bus per il trasporto delle persone e un piccolo autocarro per il trasporto di bestiame. Tutti i mezzi erano stati attrezzati con gomme da neve e motori potenti. I servizi kirghisi non avevano lasciato nulla al caso, tanto che sui due 4x4 dei giovani erano stati installati dei microchip, in modo da evitare di perderli nel caso ci fossero stati cambiamenti di rotta repentini.

Mister Hu aveva un unico obiettivo: arrestare la ragazza uigura e la giovane francese e trasferirle in Cina. Un aereo li stava aspettando all'aeroporto di Biskek e, se tutto fosse andato per il verso giusto, la sera stessa sarebbero partiti in volo per Pechino. L'arresto degli organizzatori del convegno e dei principali personaggi chiamati a esprimersi sarebbe stato il compito dei kirghisi.

Poi l'apocalisse.

Mentre l'auto di Hu si teneva a debita distanza da quella dei giovani uiguri, si udì in lontananza in provenienza del *residence* una tremenda esplosione seguita da fiamme altissime. Il blu del lago e il bianco della neve vennero contaminati prima da un intenso colore rosso e poi da un giallo color fuoco. Le auto con i giovani uiguri a bordo si fermarono e così fece l'autista di Hu. Una bomba era esplosa proprio nel *residence* dove erano convenuti già molti partecipanti al convegno. Hu e i suoi uomini reagirono immediatamente. Approfittando del momento di confusione e di incertezza circondarono le auto dei giovani ferme in strada. Senza esitazione spararono e uccisero gli accompagnatori delle due ragazze. Presero a forza Ugul e Christine, le caricarono su un'auto dei Servizi kirghisi e partirono in tutta fretta in direzione di Bishkek.

Qualche cosa - ipotizzò Mister Hu - doveva essere andata storto nell'azione dei kirghisi. Ma non era proprio stato così. In realtà i Servizi kirghisi avevano piazzato diverse cariche potenti di esplosivo all'interno del *residence* con l'intenzione di non fare prigionieri.

In seguito Hu avrebbe saputo che per questa operazione i Servizi kirghisi si erano sentiti con i Servizi degli altri paesi delle montagne e con loro avevano coordinato l'intervento esagerando con l'esplosivo. Forse non volevano perdere l'occasione di guadagnare favori con i cinesi. L'intervento pianificato da Hu non era riuscito al cento per cento ma non per colpa del *Cinese*. Bene la cattura delle due giovani donne, meno appropriato l'intervento kirghiso sul luogo del convegno. Il freddo e la solitudine dell'inverno aveva fatto sì che l'eco di quanto successo sarebbe rimasto un ulteriore segreto di quel luogo. Negli anni a venire probabilmente qualcuno avrebbe raccontato che nel mese di gennaio di quel 2015 i draghi si erano azzuffati a suon di fiammate, rendendo ancora più tiepida l'acqua del grande lago magico.

VENTITRÈ

Pechino, domenica 8 febbraio 2015
Ugul e Christine erano custodite separatamente in due celle nello stesso palazzo grigio di Pechino dove, qualche mese prima, Marcel era stato detenuto per una decina di giorni. Christine, con grande sorpresa del personale di custodia, chiese insistentemente di parlare con Mister Hu. Fece proprio il suo nome, come se lo conoscesse.
Rivolgendosi ai secondini, confusi per il suo comportamento irruente, disse di avere un'importante dichiarazione da rilasciare. Il messaggio non venne riferito subito, perché gli agenti di custodia non parlavano inglese e, in secondo luogo, perché non avevano nessuna intenzione di disturbare Mister Hu. Quando poi il *Cinese* seppe della richiesta della giovane francese, consapevolmente la ignorò. Era il suo solito modo di agire per mettere pressione su chi doveva interrogare. Nella maggior parte dei casi, dopo la rabbia iniziale, nei detenuti sopraggiungeva lo scoramento e poi la paura dell'abbandono. A questo punto, per il malcapitato di turno, l'interrogatorio diventava l'occasione ormai insperata di raccontare la verità o almeno parte della stessa. Dopo averla lasciata sola per alcuni giorni, Hu decise che era giunto il momento di parlare con Christine.
Il *Cinese* iniziò l'interrogatorio di Christine in modo rude.
«Non farmi perdere tempo prezioso, sono troppo vecchio per ascoltare la solita tiritera di menzogne. Dimmi chi sei e per chi lavori. Dimmi qual era il tuo compito in Bretagna e in particolare a Saint-Malo. Dimmi cosa hai a che fare con

l'uccisione dei giovani uiguri e del ragazzo francese. Te lo dico e te lo ripeto, per favore non dirmi che non sai cosa è successo a Saint-Malo o ti sbatto di nuovo in cella».

Hu voleva far trapelare da subito di essere a conoscenza dei dettagli di quanto successo. Non voleva lasciare spazio a racconti senza capo né coda. In effetti il suo duro atteggiamento risultò vincente.

«Con l'uccisione dei sei ragazzi - disse la giovane - io non ho nulla a che fare. In quei giorni non mi trovavo nemmeno a Saint-Malo».

«Dov'eri?».

«A Dinar, al lavoro, non lontano da Saint-Malo».

«Mi dici di cosa ti occupi e per chi lavori?».

«Lavoro per una società francese di Dinar che commercia in distillati di frutta».

«Va bene, vedo che non hai capito. L'interrogatorio è finito. A proposito, io non ho mai detto quanti fossero i ragazzi uccisi. Stai più attenta la prossima volta».

Hu si alzò e, senza nemmeno rivolgerle lo sguardo, uscì dall'ufficio. Il *Cinese* voleva dimostrare alla giovane che non aveva nessuna intenzione di farsi prendere per i fondelli. Intendeva farle capire che il gioco da ora in avanti lo comandava lui. Christine rimase di stucco. Non si aspettava un'aggressione verbale di questa portata. Stanca per la lunga attesa in cella era rimasta scioccata da quell'inizio così minaccioso dell'interrogatorio. Appena la giovane francese lasciò l'ufficio di Hu accompagnata da un poliziotto, il *Cinese* ricevette una telefonata da Parigi da parte di una sua conoscenza nei Servizi segreti transalpini. Finalmente i francesi avevano deciso di collaborare.

«Mister Hu, sappiamo che una giovane francese di nome Christine è trattenuta nelle tue prigioni. Credo che a questo punto ti dobbiamo delle spiegazioni».

«Alla buonora, finalmente vi siete decisi. Penso che avreste dovuto farlo tempo fa senza attendere che la giovane di cui state parlando fosse trasferita nelle mie prigioni. Ora, improvvisamente, volete che io la liberi... e al più presto. Come potrai capire questo dipende da cosa mi dirai nel corso di questa telefonata».

«Quello che possiamo dirti è che questa Christine da alcuni anni è attiva nella Francia del Nord. Non è una nostra agente, ma lavora per i Servizi segreti israeliani. In altri termini Christine è al soldo del Mossad. Gli israeliani ci avevano informati del suo arrivo chiedendoci la disponibilità a lasciarla indagare. Cosa che abbiamo puntualmente fatto. Hanno poi precisato che era stata incaricata di monitorare l'azione di un gruppo di neonazisti e antisemiti francesi e tedeschi che stavano meditando azioni contro persone e beni delle comunità ebree di Rouen e di Caen».

«Dunque nulla a che vedere con i fatti di Saint-Malo - disse Hu - la sua missione in Francia non c'entrava nulla con i giovani uccisi nella cittadella francese?».

«Non proprio, Hu, questa era solo la premessa. Tempo fa la giovane era stata sollecitata dal rappresentante del Mossad in Francia a occuparsi di una vicenda estranea rispetto al suo compito primario. Si trattava, e qui vengo alla tua domanda, di interessarsi di quanto successo a Saint-Malo e anche a Marsiglia. Mi riferisco agli omicidi dei giovani uiguri. Da quanto abbiamo saputo, per questa specifica missione Christine avrebbe lavorato in forma non ufficiale al diretto comando di un importante esponente dei Servizi segreti israeliani che, sui fatti di Saint-Malo, stava conducendo un'inchiesta indipendente, per non dire parallela o, ancora meglio, privata. Insomma, non proprio qualche cosa di molto lineare».

«Riassumendo - disse Hu che cercava di districarsi tra

quanto i colleghi francesi stavano raccontando - quell'importante personaggio israeliano per il quale al momento Christine lavora aveva la benedizione sia del capo dei Servizi israeliani sia dei Servizi francesi. A questo punto va da sé che anche la centrale di Parigi della polizia francese faceva parte del canovaccio della poco ortodossa vicenda. Ora mi è chiaro come mai a un certo punto è caduto un mare di sabbia sulle indagini degli agenti di Marsiglia e di Saint-Malo che avevano inizialmente preso in mano le indagini».

«Certo, è proprio così».

«Dunque - disse il *Cinese* – siccome tutta questa gente ha tramato non solo sui fatti di Saint-Malo ma anche su quanto accaduto a Marsiglia, significa che i due episodi erano legati sin dall'origine».

«A questo punto - replicò il funzionario francese - come puoi capire, diventa più chiaro il motivo per il quale in nessun rapporto di polizia la giovane francese viene citata. Inserire il suo nome in un'inchiesta in parallelo con la polizia di Marsiglia e di Saint-Malo significava mettere in pericolo la sua copertura».

«Questo vuol dire - disse il *Cinese* - che i rapporti della Centrale della polizia francese e quelli dei Servizi segreti francesi non erano lacunosi ma volutamente falsi. Dell'inchiesta parallela e privata di un importante personaggio legato al Mossad non hai qualche ragguaglio?».

«Purtroppo no, caro Hu».

Pechino, lunedì 9 febbraio
Christine venne riportata nell'ufficio di Hu. Il *Cinese*, in possesso di molte informazioni su quanto accaduto e sulla collocazione della giovane in tutto questo micidiale complotto, era pronto a ricominciare l'interrogatorio. La notte

aveva invece portato consiglio alla giovane francese. Non valeva la pena, aveva probabilmente pensato Christine, di insistere con stupide bugie.

«Mi dici finalmente per chi lavori?» - chiese Hu.

«Lavoro in Francia per i Servizi segreti israeliani».

«I Servizi francesi sono al corrente di questo incarico?».

«Sì».

«Bene, così andiamo molto meglio. Qual è stato il tuo compito specifico nella vicenda di Saint-Malo?».

«Se lei intende che io possa essere legata all'uccisione dei giovani, le ripeto che con tutta questa storia io non ho nulla a che vedere. Sono stata chiamata a occuparmi di quanto accaduto solo in seguito. Mi occupavo di altre faccende, poi qualcuno ha deciso diversamente».

«Qual era il tuo nuovo compito riguardo ai fatti di Saint-Malo?».

«Dopo l'uccisione dei ragazzi a Marsiglia dovevo prendere contatto con la giovane uigura. Un mio superiore mi ha inviato alcune sue fotografie e mi ha indicato i luoghi dove avrei potuto incontrarla. E così ho fatto. Non è stato difficile. Entrare in confidenza con una persona senza che lei se ne accorga è una delle mie specialità. Ma forse questo lo avrà saputo dai suoi due giovanotti in Francia».

«Sì, me l'hanno detto... continua».

«L'ordine ricevuto era di mostrare simpatia verso la causa uigura e di vantare, quale immigrata in Francia dall'Algeria, la fede nell'Islam. Il compito che mi era stato affidato consisteva nel dare una mano alla ragazza uigura per tutti gli aspetti logistici di cui aveva bisogno. Ho anche enfatizzato le mie aspirazioni anarcoidi acquisite in un lungo soggiorno a Istanbul in modo da sollecitare il suo interesse per me. Ci sono riuscita bene visto che mi avete avvistata in Turchia e arrestata in Kirghizistan».

«Qual era l'obiettivo del tuo lavoro?».
«L'obiettivo finale non l'ho mai saputo. Mi muovevo a braccio. Quello intermedio non dichiarato era monitorare gli spostamenti della ragazza».
«Va bene, questo aspetto ora è chiaro. In seguito tu hai contattato due volte i miei uomini: la prima volta in Francia e la seconda volta a Istanbul. Perché hai preso queste iniziative e chi ti ha chiesto di farlo?».
«Ho ricevuto l'ordine di prendere contatto con loro dai miei superiori».
«Non stai rispondendo alla mia domanda. Te lo ripeto - disse perentoriamente Hu - chi ti ha chiesto di farlo?».
«Non l'ho mai saputo esattamente e per la verità non lo so nemmeno ora. Ho parlato con questa persona al telefono e ho subito capito che aveva conoscenze nelle alte sfere del Mossad. Era ben informata, sapeva esattamente che i suoi due amici francesi erano sul terreno dove sono avvenuti i fatti, sapeva esattamente cos'era successo a Marsiglia e Saint-Malo».
«Sei tu che hai contattato Christos a Londra informandolo sulla presenza di Osman Kadeer?».
«No, non sono stata io».
«Sai chi l'ha fatto?».
«Non lo so proprio».
«Torniamo alla ragazza uigura, cosa mi sai dire di lei?».
«È una tosta, molto reattiva e parecchio fanatica, non tanto per la questione religiosa ma piuttosto per la secessione della sua regione dalla Cina. È la rappresentazione dell'intelligenza animale, vale a dire che sa adattarsi immediatamente a ogni situazione. Non parla molto, ma è chiaro che il suo cervello è in continuo movimento».
«Per quale motivo prima l'hai aiutata a sistemarsi, poi a curare la ferita da arma da fuoco e poi hai segnalato la sua partenza ai miei uomini?».

«Ho semplicemente eseguito alla lettera l'ordine della persona alla quale dovevo riferire. Non è stata una mia idea. Sono stata addestrata a non prendere decisioni. Il mio compito è rispettare alla lettera gli ordini dei miei superiori. Lei dovrebbe sapere che così fanno i subalterni in queste organizzazioni».

«Dunque non è stata una tua iniziativa segnalare ai miei uomini la partenza della ragazza dalla Bretagna? Non sei stata tu a cercare di contattare telefonicamente il mio amico Christos quando lui si trovava in Grecia? I tabulati del cellulare di Christos... il mio amico, ci hanno segnalato diverse chiamate rimaste senza risposta».

«Quando mai un agente dei servizi israeliani prende iniziative personali. No, lo ripeto, non è stata una mia iniziativa. L'ordine è venuto dall'alto. Grazie al mio intervento i suoi due uomini non hanno dovuto perdere tempo inutile in Francia e di questo mi dovrebbe ringraziare. Ma forse non è sua abitudine».

Mister Hu fece finta di non aver sentito l'ultima provocazione.

«Non ti sei chiesta il motivo di questa apparente contraddizione di chi ti dava gli ordini nei confronti della ragazza uigura, vale a dire, prima ti viene chiesto di aiutarla e poi di tradirla?».

«Il mio compito non consiste in pormi domande».

«Come mai, visto che eri così ben informata, non ci hai segnalato la presenza in Grecia di Ugul, cosa che avrebbe forse potuto evitare l'uccisione del nostro amico Christos?».

«Non lo sapevo, lo giuro. D'altra parte la ragazza uigura aveva lasciato in tutta fretta la Francia o, almeno, il Nord della Francia. Dunque non era più nel mio territorio di competenza. Tutto è avvenuto rapidamente. L'ho saputo solo quando ci siamo ritrovate a Istanbul, prima di partire per il

Kirghizistan. In Turchia mi ha raccontato dell'uccisione di quel Christos. Lo riteneva colpevole della morte del fratello. Era sconvolta e da quel momento ho capito che il suo unico pensiero era stato quello di vendicarlo».

«Come mai ricompari improvvisamente a Istanbul? Come hai giustificato alla ragazza uigura il tuo arrivo a Istanbul?».

«Era ancora un ordine del mio superiore che si è poi incrociato con la richiesta della ragazza. Aiutandola a rimettersi dalla ferita e a lasciare la Francia avevo ottenuto la sua amicizia. Lei si era resa conto che potevo esserle utile. Si era ricordata che in una passata occasione le avevo detto di avere un po' di dimestichezza con la lingua turca per via di un ex fidanzato e conoscevo abbastanza bene Istanbul. Inoltre, come le ho detto prima ho anche forzato le mie aspirazioni anarcoidi in modo da solleticare il suo interesse».

Mister Hu fu molto sorpreso dalla sicurezza che la giovane emanava. Era chiaro che aveva avuto una preparazione particolare che si rifletteva in una sorprendente fiducia in sé stessa. Ma Hu voleva sapere di più, voleva sapere chi era quel suo superiore al quale lei doveva riferire e quali erano i suoi obiettivi.

«Parlami della persona per la quale lavori, meglio, lavoravi».

«Questo se lo può scordare. Non parlerò nemmeno sotto tortura. So che al momento opportuno quella persona si farà avanti e le spiegherà tutto. Posso solo dire che i suoi obiettivi erano due, uno privato e uno più o meno ufficiale. Quello ufficiale consisteva nell'osservare ed eliminare il maggior numero possibile di jihadisti intenzionati a seguire la causa di Al-Qaida che possono essere pericolosi anche per il suo paese».

«E quello privato... quello meno ufficiale?» - chiese Hu.

«Quello privato lo chieda direttamente a chi di dovere, quando avrà occasione di incontrarlo».

«Senti, ma è solo una curiosità - chiese Hu - quel medico che ha curato Ugul in Bretagna era pure lui un membro dei Servizi israeliani?».

«Ora mi stupisce, Mister Hu, non penserà che fosse un medico della mutua».

Hu accennò un sorriso.

«Quello che hai detto finora non è sufficiente per lasciarti partire. Ho bisogno di maggiori informazioni. Il tuo superiore conosce la ragazza uigura? Pensi abbia avuto a che fare con l'uccisione dei giovani a Saint-Malo?».

«Può darsi. Non lo so e se anche lo sapessi non potrei dire nulla».

Il duello tra i due era giunto al culmine. Hu voleva sapere da chi la giovane riceveva gli ordini e lei non aveva nessuna intenzione di rivelarne il nome.

«Dimmi chi è questa maledetta persona per la quale lavori e ti lascio partire. Voglio tutti i dettagli in modo che io possa identificarla».

«Mi rimetta in cella perché tanto non parlo».

Senza esitazione e senza il minimo commento Mister Hu chiamò le guardie e disse loro di riportarla in cella. Mentre i suoi uomini la stavano portando via, il *Cinese* giocò il tutto per tutto facendo finta di sapere quello che in realtà solo sospettava. La fece riaccompagnare nel suo ufficio.

«Perché il tuo superiore ha usato la scusa o la copertura del mobilio per trasportare armi e munizioni e per uccidere i giovani uiguri?».

La giovane ebbe un momento di esitazione. A questo punto fu chiaro a Hu che aveva colto nel segno. L'imbarazzo di Christine era evidente. Non disse nulla, ma il *Cinese* capì che le sue supposizioni riguardo al ruolo di quella Eliane Merz in tutta questa faccenda si stavano rivelando fondamentali.

Mentre Mister Hu interrogava la giovane francese, al suo

ufficio giunsero diverse telefonate dall'ambasciata israeliana. L'ultima richiesta era di consegnare loro la giovane in modo da poter verificare il suo operato in Francia. Mister Hu decise che per il momento quanto rivelato da Christine poteva bastare. Aveva capito che da lei non avrebbe avuto nessun'altra informazione. Con molta probabilità chi aveva organizzato il traffico di armi era la stessa persona, o perlomeno, era molto vicina a chi dirigeva le azioni del Mossad in Francia. Saputo della richiesta degli israeliani, Hu chiamò la loro l'ambasciata.

«Sono Mister Hu del ministero della difesa cinese. Mi passi per favore l'incaricato del Mossad presso di voi. Faccia il mio nome, lo conosco personalmente».

«Eccomi Hu, aspettavo la tua chiamata».

«Ho finito per il momento con Christine. Sono disposto a consegnarvela, ma a una condizione. Chiedo che qualcuno di voi venga da me e assista al mio terzo interrogatorio della giovane. Ho capito che lei mi dirà quello che voglio sapere unicamente se qualcuno di voi sarà presente e darà il consenso al suo racconto. Questa è la mia condizione. Fatemi sapere».

Dopo alcuni minuti ecco la risposta.

«Va bene Hu, domani mattina siamo da te».

Pechino, martedì 10 febbraio 2015

Hu e l'inviato del Mossad si sedettero nell'ufficio del *Cinese* dove venne portata Christine.

«Ora mi dici - chiese Hu - chi è il personaggio di riferimento da cui ricevi gli ordini in Francia?».

La giovane guardò il responsabile del Mossad e da lui ricevette il segnale per parlare liberamente. Era quello che Hu si attendeva.

«Il mio riferimento è una donna. L'ho sentita spesso al telefono e per e-mail, ma non l'ho mai incontrata di persona. Dunque non sono in grado di descriverla e nemmeno dirle il suo vero nome».

«Che ruolo ha avuto questa donna in tutta questa storia?».

«Era lei che gestiva tutta la vicenda. Ha organizzato il trasporto delle armi, ha ordinato l'uccisione dei dodici giovani, era sempre sul posto nei momenti più delicati della missione, come per esempio l'acquisto delle armi dai ceceni di Marsiglia. Aveva inoltre supervisionato l'uccisione dei giovani sul Tir tra Aix e Marsiglia. Lei conosceva molto bene il proprietario dell'agriturismo dove i mobili erano stati depositati. Manovrava l'inconsapevole Ugul come si fa con una marionetta».

«Quale era la sua missione e quali i suoi obiettivi?».

Da parte della giovane, ancora uno sguardo verso l'uomo del Mossad e ancora una volta un cenno di approvazione.

«Se proprio vuole saperlo, nemmeno io ho chiaro quali erano i suoi obiettivi. O meglio, credo che vi fosse una commistione di obiettivi ufficiali, quelli del Mossad, e altri privati».

«Cosa intendi per privati?».

A questo punto Christine chiese di poter parlare da sola faccia a faccia con l'inviato dei servizi israeliani. Il *Cinese* diede il nulla osta e la giovane e l'uomo uscirono nel corridoio. La discussione tra i due durò circa dieci minuti. Poi rientrarono nell'ufficio di Hu. La giovane riprese a parlare. La rivelazione lasciò impietrito Mister Hu. Mai e poi mai avrebbe immaginato una cosa del genere.

«Ho saputo che la donna stava indagando in forma privata sui responsabili dell'uccisione dei suoi due figli. Due gemelli, in viaggio in Cina, uccisi in un attentato terroristico avvenuto nella cittadina di Lukqun, nello Xinjiang, nel mese di aprile del 2013. Dall'indagine risultava che all'attentato aveva partecipato una decina di giovani uiguri. A capo degli attentatori vi era Ugul. La donna voleva a tutti i costi vendicarsi di chi aveva ucciso i suoi figli».

Una vicenda incredibile che aveva indotto la donna a concepire un piano di vendetta nel quale al centro dell'attenzione omicida vi era Ugul e gli aspetti collaterali (le uccisioni dei giovani uiguri incaricati del trasporto) erano la merce di scambio per avere l'aiuto incondizionato nell'operazione da parte dei servizi segreti israeliani.

«Ugul era al corrente di questo aspetto privato che aveva spinto la donna a cercare vendetta?».

«Penso che Ugul non lo sapesse».

«Per quale motivo è stato organizzato il trasporto di armi camuffate da mobilio antico?».

«Quella messinscena è scrita come scusa per far uscire dall'anonimato i dieci terroristi uiguri nascosti in Francia per poi eliminarli. Tra l'altro il Mossad era molto interessato a scoprire e bloccare i canali da cui partivano le armi dalla Francia verso destinazioni diverse. L'organizzazione del traffico di armi era in parte una forma di compensazione da pagare al Mossad per la mia collaborazione in Francia».

«Cosa mi dici dei due francesi uccisi insieme ai giovani uiguri?».

«I due servivano per aiutare i giovani uiguri nelle loro necessità logistiche. Di fatto la loro morte possiamo definirla un aspetto collaterale di minore importanza».

«La donna, o meglio Eliane, conosceva la ragazza uigura? Sai se si erano incontrate?».

«Sì, si conoscevano da qualche tempo. Se non mi sbaglio si conoscevano dal mese di agosto del 2013. So che nei rapporti con Ugul utilizzava un altro nome. Si faceva chiamare Abigail. La stessa era riuscita con inganno e abilità a far credere di aver una forte simpatia per le aspirazioni secessioniste degli uiguri dello Xinjiang. Poi, cosa molto importante, come ho detto prima, era riuscita a identificare chi aveva partecipato attivamente all'attentato in cui i suoi figli erano morti. Da un anno la donna stava studiando un piano di azione complesso ma perfettamente funzionante».

«Dunque Eliane Merz e quella Abigail sono la stessa persona. Era la stessa Eliane Merz, ma con il nome di Abigail, che parlava con la ragazza uigura?».

«Proprio così».

«Riassumendo, mi stai dicendo che i cittadini uiguri morti a Marsiglia e a Saint-Malò avevano partecipato attivamente all'attentato di Lukqun in cui sono stati uccisi i figli della donna?».

«Esattamente».

«Tra i terroristi da eliminare non figurava da subito la ragazza turcomanna?».

«No, anche se la ragazza era di fatto al comando dei terroristi nell'attentato di Lukqun, con lei la donna voleva giocare al gatto col topo ancora per un po'. Probabilmente per meglio gustarsi la sua vendetta».

«Cosa mi sai dire del ferimento della ragazza uigura a Saint-Malo?».

«Quando la ragazza è stata accidentalmente ferita nell'attentato di Saint-Malo, ho ricevuto l'ordine di intervenire per aiutarla. Non voleva che fosse arrestata dalla polizia francese. Probabilmente per lei vi erano altri piani».

«Chi ha eseguito la strage dei giovani a Marsiglia e a Saint-Malo?».

«Sono stati dei killer professionisti assoldati dalla donna stessa. Così almeno credo. So che non centravano nulla con il Mossad. Una come lei non ha difficoltà ad assoldare un manipolo di assassini professionisti».

«A questo punto presumo che anche Eliane Merz sia un nome falso».
«Purtroppo per lei penso proprio di sì».
«Qual è il suo vero nome?».
«Non lo chieda a me ma a chi di dovere».
Lo disse guardando in faccia Hu con occhi severi rivolgendo poi lo sguardo all'uomo del Mosssad. Christine era stufa di questa situazione. Hu non stava più nella pelle. La storia che Christine aveva raccontato con l'avallo dei servizi israeliani sapeva dell'incredibile.

Il *Cinese* diede quindi istruzione di accompagnare la giovane direttamente all'ambasciata israeliana. Anche se di passaporto francese era meglio che passasse prima dai suoi attuali datori di lavoro e poi venisse consegnata ai rappresentanti del paese di provenienza. I rispettivi due ambasciatori avrebbero discusso le decisioni da prendere.

VENTIQUATTRO

Pechino, mercoledì 18 febbraio 2015, ultimo giorno dell'anno del Cavallo
Parte 1. La giornata di Mister Hu

18 febbraio, 14:30
Fuori faceva un freddo cane. Il cielo di Pechino era di un blu cristallino incorniciato da nuvole bianche dalle forme strane per via del forte vento che soffiava da Nord. Era l'ultimo giorno dell'anno del Cavallo e quello della Capra si stava affacciando. Christine era stata liberata e consegnata all'ambasciata israeliana a Pechino. Ugul era in prigione. Eliane, alias Abigail, alias qualche altra connotazione, insomma la donna al centro di tutta la macchinazione, era a piede libero in qualche parte del mondo, o forse più semplicemente, da qualche parte a Pechino. Mister Hu decise che era tempo di liberarsi per un momento dai suoi pensieri. Sarebbe passato da casa dove lo aspettava la sua governante. Per lei aveva già pronta una busta contenente soldi. Così si usa in Cina in occasione delle festività importanti.

Mister Hu era seduto sul sedile posteriore della sua auto d'ordinanza. L'aria condizionata della vettura era calda e profumata. Il *Cinese* si era assopito. L'autista guidava come di consueto a velocità sostenuta dirigendosi verso est sul quinto anello. Improvvisamente un ostacolo sull'autostrada lo obbligò ad una brusca frenata. L'automobile davanti a quella di Hu aveva improvvisamente rallentato la corsa per evitare l'impatto con un'altra vettura che aveva sbandato e si era scontrata con un grosso torpedone. Il traffico si era totalmente bloccato. Molte persone scesero dalle loro auto per capire cosa fosse accaduto. Una donna approfittò della confusione, corse verso l'automobile di Hu, aprì la portiera posteriore, salì sulla Mercedes nera e si sedette al fianco del *Cinese*. La donna fissò Hu diritto negli occhi e, anticipando la sua reazione, gli disse:

«*Ascolta Hu, non immischiarti nella vicenda del traffico di armi e della morte dei terroristi uiguri in Francia. Lascia perdere queste indagini. Delle persone implicate ce ne occupiamo noi, così eviterai di sporcarti le mani e di farti del male. Pensa a quanto successo a Christos, pensa ai pericoli che stanno correndo gli altri tuoi amici. Pensa piuttosto ai momenti belli che abbiamo passato insieme a Hong Kong*».

Il tono di voce della donna era strano, quasi metallico. Il modo di esprimersi era pure particolare, come se fosse stato costruito artificialmente in laboratorio, studiato a memoria e mal recitato. Mister Hu era sciocato da quello che stava vivendo. In particolare dal fatto che non riusciva né a muoversi né a parlare. Cercava affannosamente di capire cosa stesse succedendo ma non trovava una spiegazione logica. L'impressione era di essere stato catapultato nel bel mezzo di un film di cui era protagonista ma non conosceva la trama. Chi erano le persone che lo spingevano ad abbandonare l'inchiesta? Come facevano a sapere che lui era stato incaricato della lotta al terrorismo uiguro in Europa? Come facevano a conoscere così bene cos'era successo in Francia e a Londra? E poi, chi era questa donna balzata improvvisamente nella sua vettura? Come aveva fatto a individuare la sua automobile tra le tante ferme sulla strada? Come aveva potuto riconoscerlo dall'esterno visto che i vetri della sua vettura d'ordinanza erano oscurati? Perché il suo autista che era anche la sua scorta non aveva avuto nessuna reazione? Cercò, ma invano, di capire chi fosse quella donna di cui non poteva vedere il viso, anche se ora sedeva accanto a lui e della quale sentiva il profumo penetrante. Un profumo forte che ricordava di avere già sentito in un'altra occasione. Cercò disperatamente di riconoscerla ma lo sguardo, quando si posava su di lei si annebbiava e i tratti del viso, pur vicini, diventavano irriconoscibili. Poi la donna si accasciò contro di lui. Il *Cinese* sentì il peso del corpo di lei sul suo petto. Tentò di sollevarle il viso, ma le sue mani toccarono qualche cosa di freddo e duro come una lama di coltello anzi, come un lungo punteruolo. Poi vide il sangue. Non il suo, ma quello di lei che le sgorgava dal collo.

Improvvisamente una nuova frenata fece sobbalzare Mister Hu che si svegliò di colpo. L'autista si scusò e accennò al fatto che un tale che viaggiava in parallelo si era improvvisamente spostato sulla sua corsia. Quanto vissuto in quegli attimi era dunque stato un sogno. Un altro degli infiniti sogni che da tempo turbavano le notti del *Cinese*. Era sudato e si sentiva stanco e confuso. Il sogno, che probabilmente era durato pochi secondi, lo aveva spossato. Si ricordò di quel profumo e, solo vagamente, dei tratti del viso di quella donna. Poi quello strano accenno ad Hong Kong. Quanto lei gli aveva detto nel sogno gli era rimasto stampato nella mente. La confusione gli impediva di connettere i pensieri. Poi la stanchezza lasciò il posto a ricordi, prima confusi, poi più vivi, come se tutto ciò che aveva vissuto nel sogno gli avesse permesso di ricordare episodi del passato che aveva rimosso.

Quel viso apparso nel sogno gli ricordò vagamente una donna incontrata tanti anni prima a Hong Kong dove, come capitava spesso, era stato chiamato a impartire lezioni sulle specificità asiatiche dei vari traffici illeciti ai corsi per agenti segreti. Quell'anno era stata annunciata la partecipazione di un'agente del Mossad israeliano. Quella presenza lo aveva incuriosito tanto che desiderava incontrare il rappresentante di un'organizzazione così riconosciuta e temuta. L'agente israeliano era in realtà una giovane donna di nome Sarah, di sangue misto cinese e israeliano. Con tutta probabilità, visti i suoi tratti somatici e la conoscenza del mandarino, i servizi israeliani intendevano in seguito incaricarla di speciali missioni in Cina. Hu aveva avuto a che fare con lei in qualità di istruttore. Ricordava che lei aveva proposto alcuni interventi che gli erano sembrati opportuni. Una volta si erano parlati nei corridoi dell'albergo che ospitava il corso e lei si era rivolta a lui in mandarino. Avevano trascorso insieme tutta la sera. Lei gli aveva raccontato di sua madre, una cinese di Shanghai che da piccola era fuggita negli Stati Uniti dove aveva conosciuto quello che sarebbe diventato suo padre, un israeliano con doppio passaporto israeliano-australiano che lavorava nella finanza a New York. In quello speciale capodanno, che salutava l'arrivo del nuovo millennio, avevano passato insieme il resto della notte. Quando si era fatto chiaro si erano salutati e da quel momento non si erano più rivisti. Nessuno dei due aveva cercato l'altro.

18 febbraio, ore 18:30
Il cielo di Pechino appena diventato scuro, in quella notte del Capodanno cinese, venne illuminato a giorno dai fuochi d'artificio. Sembrava di essere in guerra. Il boato degli scoppi si autoalimentava con il forte vento che lo trasportava incuneandosi tra i grattacieli. I fuochi e gli scoppi sarebbero continuati incessantemente tutta la notte. Più tardi sarebbe andato da Giulio al Pinocchio dove già si trovava Marcel. Insieme avrebbero brindato al nuovo anno. Il trio sarebbe

in seguito partito in direzione dell'Orchidea Blu dove erano attesi dall'amico Charles Wei. Ami Li, quella sera era di turno e avrebbe raggiunto Marcel nella tarda mattinata del primo giorno dell'anno. Hu non sapeva che quella sera i loro programmi sarebbero stati stravolti. Non sapeva che una tempesta di avvenimenti e di emozioni lo avrebbe investito. Una tempesta talmente forte da stravolgere un uomo come lui pronto a ogni tragica evenienza.

Xin nian kuai le. Giunto nel suo appartamento Hu scambiò gli auguri di buon anno con la sua fedele governante. Rimasto solo si gettò sulla poltrona deciso a riposare prima di raggiungere i suoi amici che lo attendevano al Pinocchio. Poi il telefono squillò.

18 febbraio, 19:30
Squilla il telefono.
«Buonasera Hu, sono Eliane... Sarah se preferisci... Sarah se ti ricordi... sono appena arrivata a Pechino».
La donna si esprimeva con voce titubante come se avesse timore e volesse capire che effetto avrebbero avuto le sue parole su Mister Hu. Aveva timore della reazione del *Cinese*.
«Hu, so che mi stai braccando e comprendo che tu mi possa odiare. Ti propongo ugualmente di incontrarci. Dammi la possibilità di spiegarti questa maledetta storia. Fallo per quei momenti che abbiamo passato insieme tanti anni fa, per le confidenze che ci siamo scambiate. Se vuoi incontrarmi questa notte sarò al Red Mandarin Hotel di *Wangfujing*. Puoi venire con i tuoi uomini ad arrestarmi o puoi venire a festeggiare con me l'arrivo del nuovo anno. Dopo quanto mi è accaduto sono sola al mondo. A tenermi compagnia ci sono unicamente i ricordi. E tu sei uno dei più belli».

Hu era allibito. Quel sogno fatto in auto, la stanchezza per via degli avvenimenti che si erano succeduti negli ultimi giorni e ora la telefonata di quella donna con quella richiesta inaspettata e per certi versi pericolosa. Non una richiesta qualsiasi fatta da una persona qualsiasi, ma da una donna che si era magicamente presentata a lui nel sogno fatto in auto mentre rientrava a casa.

Un'altra persona avrebbe preso un colpo al cuore dallo spavento per via della concomitanza degli avvenimenti. Non Hu. Il *Cinese* era avvezzo alle storie strane, credeva al fato e, come Giulio, aveva il vizio di farsi leggere la mano dai sedicenti monaci che esercitavano la professione di indovino nelle stradine vicino al Tempio del Lama.

«D'accordo, sarò al Mandarin prima di mezzanotte. È da tempo che questa storia mi perseguita, è da tempo che cerco la chiave di questa disgraziata vicenda».

Per due motivi il *Cinese* non avrebbe perso quell'occasione. Prima di tutto per avere direttamente dalla donna la spiegazione di quello che lei aveva intrapreso durante l'anno che stava per terminare. Era tempo che spiegasse la sua versione su quanto accaduto. Voleva sapere direttamente da lei se si rendeva conto che quell'inspiegabile gioco che aveva interpretato aveva messo in difficoltà molte persone e, più grave di tutto, aveva provocato la morte di Christos.

Vi era un altro motivo per il quale non vedeva l'ora di incontrare la donna. Erano la curiosità e il desiderio che con gli anni si erano trasformati in un ricordo sempre più sbiadito. Avrebbe voluto dirle che era tempo che si facesse vedere. Che era tempo che spiegasse perché da un giorno all'altro era sparita nel nulla. Ripensando al sogno fatto in automobile, la curiosità lasciò il posto al timore che qualche cosa di grave stesse succedendo. Si ricordò del sogno di quella donna di cui non vedeva il volto ma di cui sentiva il profumo, che si era accasciata contro il suo petto, le sue mani piene di sangue quando le aveva preso il viso tra le mani.

Poi chiamò Giulio.

«Giulio, questa sera ho un impegno di lavoro. Non posso rinviarlo. Festeggeremo insieme il nuovo anno domani in tarda mattinata quando vi raggiungerò al Pinocchio. Scusami con tutti. Comunque so che tu e Marcel non perderete l'occasione di fare festa».

«Va bene, Hu, come vuoi. A più tardi».

18 febbraio, ore 21:00
A Mister Hu giunse un'altra telefonata. Era un suo uomo al posto di polizia dove la ragazza turcomanna era imprigionata.

«Mister Hu, la ragazza uigura si è sentita male. Il medico di turno dell'ospedale della prigione sostiene si tratti di un attacco epilettico. Suggerisce di portarla in ospedale. Cosa facciamo?».

«Aspettate, non fate niente, arrivo subito».

Il *Cinese* richiamò il suo autista e partirono a piena velocità in direzione del luogo dove era rinchiusa la ragazza. Il traffico era intenso. A quell'ora molte famiglie che avevano deciso di ignorare la tradizione, si stavano recando al ristorante. Poi un'altra telefonata.

«Mister Hu, le grida di dolore della ragazza mi hanno spaventato, così ho deciso di farla portare all'ospedale militare. Avevo paura mi morisse tra le braccia».

«Accidenti no, no, no! Non dovevate farla uscire di prigione. Mi raccomando non lasciatela sola, non perdetela di vista nemmeno un secondo».

Hu maledisse il momento in cui aveva deciso di ritornare a casa. Fosse rimasto in ufficio avrebbe potuto gestire personalmente la situazione. Di quella giovane uigura non si fidava. In quei mesi si era dimostrata scaltra e preparata a tutto. Sentiva che quello che stava accadendo nascondeva un inganno.

Ma quella maledetta sera il fato, tanto temuto da Hu, aveva deciso altrimenti. Nello spazio di qualche secondo, mentre era fuori dalla cella su di una sedia a rotelle per essere portata all'ambulanza, la ragazza con una mossa improvvisa e abile tolse l'arma a uno dei poliziotti e fece fuoco colpendolo al petto. Poi puntò l'arma verso altri due poliziotti che erano accorsi dopo aver sentito lo sparo. Fece di nuovo fuoco. Uno dei due agenti morì sul colpo, mentre l'altro rimase gravemente ferito. La ragazza aveva evidentemente trovato il modo di comunicare con i suoi tramite un cellulare che qualcuno all'interno della prigione le aveva consegnato. Un'automobile si avvicinò all'autolettiga posteggiata all'ingresso del carcere. Dall'auto partì una potente raffica di colpi che bloccò il sopraggiungere di altri poliziotti. Ugul venne prelevata dai suoi amici e l'auto partì a tutta velocità. I suoi la portarono in un luogo più sicuro nella zona nord di Pechino chiedendole di rimanere nascosta fino a quando la situazione si fosse calmata. Lei decise altrimenti.

18 febbraio, ore 21:30
Giunto al posto di polizia, Hu si scagliò contro i responsabili dell'accaduto. La disobbedienza ai suoi ordini aveva permesso la fuga della ragazza uigura e aveva decretato la morte di due suoi agenti. Diede l'ordine di richiamare in caserma tutti gli uomini al suo comando. Definì la strategia di ricerca che consisteva in appostamenti presso tutte le stazioni del metrò e in tutti gli incroci delle strade attorno al Tempio del Lama dove la ragazza si presumeva potesse, in caso di necessità, usufruire di una *Safe House*.

Ugul sconvolta dal tradimento di Abigail

Nelle prigioni le voci si muovono *come l'acqua tra i sassi*. Un giovane secondino cinese, impiegato in uno dei due corridoi in cui erano incarcerati diversi cittadini di etnia uigura sospettati di terrorismo, aveva stretto un rapporto di simpatia politica con i prigionieri. Uno dei ragazzi uiguri gli chiese di avvicinare la loro amica di lotta di nome Ugul che si trovava nel corridoio della prigione riservato alle donne. La richiesta consisteva nell'informarla immediatamente del fatto che una certa Christine, sotto minaccia, aveva riferito agli inquirenti di una donna chiamata Abigail (ma anche Eliane) che da tempo stava dando la caccia a terroristi uiguri. Christine aveva vuotato il sacco su chi e perché aveva organizzato le mattanze di giovani uiguri avvenute vicino a Marsiglia e a Saint-Malo. Gli disse pure di riferire a Ugul del viavai presso la stazione di polizia di personaggi dell'ambasciata israeliana a Pechino.

Ugul, sapute di queste voci, aveva capito di essere stata tradita. Non chiari erano ancora i motivi del tradimento. Ma cosa ancora più grave era che non si trattava di un tradimento dell'ultima ora, ma di un gioco sporco che veniva da lontano. La giovane uigura non riusciva a capacitarsi. Seduta a terra nella sua cella la ragazza era come paralizzata. Aveva smesso di mangiare e di bere e i secondini erano preoccupati per la sua salute. Ugul non poteva sopportare l'idea che la sua amica Abigail l'avesse ingannata per tutto questo tempo. Era anche arrabbiata con sé stessa per non aver capito le intenzioni di quella donna che si era dichiarata sua amica. Oltre ad avere messo in pericolo la sua vita aveva anche causato la morte di una decina dei suoi amici d'arme.

Dopo alcune notti in cella, la disperazione aveva lasciato il posto a un più lucido esame di quanto successo in quei mesi. Per esempio quando, nel piccolo Hotel di Parigi procuratole da Abigail, lei le aveva raccontato dell'amicizia con una certa Christine e dell'aiuto ricevuto dalla stessa nel trovare un medico accondiscendente in grado di curare le sue ferite. Ebbene, quel racconto avrebbe dovuto fortemente interessare e pure impensierire Abigail. Invece la sua amica, davanti a un racconto così paradossale, non aveva fatto soverchie domande, come se già fosse a conoscenza di quanto successo. In un'altra occasione uno dei suoi amici uiguri che abitava ad Urumqi aveva visto per puro caso Abigail nella capitale dello Xinjiang. Un fatto strano, aveva pensato, perché nelle occasioni in cui la stessa visitava Urumqi, Ugul ne era sempre informata e normalmente le due donne si incontravano. In quell'occasione Abigail non aveva segnalato il suo arrivo ad Urumqi. Come mai?

Anche su Christine avrebbe dovuto avere qualche sospetto. Come mai si muoveva con così tanta facilità a Istanbul? Come mai aveva reagito in modo pacato alla devastante esplosione della bomba nell'ex *residence* sovietico?

Riflessioni amare sul tradimento
Ugul e Abigail si conoscevano bene. Da quasi un anno si erano adoperate per la causa degli uiguri dello Xinjiang. La ragazza al fronte, partecipando attivamente agli attentati, la donna in retroguardia organizzando il passaggio di armi dall'Europa alla Cina a vantaggio, così lei sosteneva, della loro causa. E così la ragazza le aveva creduto e le aveva dato tutta la sua fiducia. Ma perché tanto astio e tanti inganni nei suoi confronti e contro la causa uigura? Possibile che la voglia di rivolta e di secessione da quella che gli uiguri chiamavano il giogo cinese potesse interessare tanto da vicino sia lei sia il Mossad israeliano? Ugul non riusciva a capacitarsi del suo comportamento, in particolare di quell'ambiguo atteggiamento di amicizia e odio nei suoi confronti, poi di

quel gioco al gatto col topo, fatto di sostegno e poi di infide soffiate che avevano portato alla morte i suoi compagni d'arme e suo fratello Osman. Questo è quanto ipotizzò, ma la vera ragione dietro il comportamento subdolo della donna dal doppio volto non lo avrebbe mai compreso.

VENTICINQUE

Pechino, mercoledì 18 febbraio 2015, ultimo giorno dell'anno del Cavallo
Parte 2. La giornata di Eliane

18 febbraio, ore 13:30
L'aereo in provenienza da Hong Kong era atterrato al Terminal 2 dell'aeroporto di Pechino. La manovra era stata piuttosto problematica per via del forte vento da Nord. Un vento freddo proveniente dalla Mongolia che stava rendendo quella giornata d'inverno pechinese ancora più rigida del solito. Eliane era molto tesa. L'autista del Red Mandarin Hotel l'attendeva all'uscita passeggeri, dopo il ritiro dei bagagli. Lei lo riconobbe e lo salutò con un cenno della mano.
«Buongiorno Miss Eliane, ben arrivata a Pechino».
I due si conoscevano da tempo. Nelle due ore di viaggio dall'aeroporto all'albergo i due chiacchieravano del più e del meno. Lei si informava sulle ultime faccende serie e meno serie accadute nella capitale. Lui chiedeva a Eliane dei suoi ultimi viaggi. Si scambiavano spesso anche informazioni sulle rispettive famiglie. Lui aveva notato che fino a poco tempo prima Eliane raccontava spesso dei suoi figli. Poi, da qualche tempo a questa parte gli accenni della donna riguardo ai figli erano cessati. Lui non seppe mai il motivo di questo silenzio e mai osò porre domande al riguardo. Quel pomeriggio Eliane non aveva voglia di parlare. Molti pensieri si accavallavano nella sua mente. Sapeva che la sua

missione, privata questa volta, era ormai giunta al capolinea e che avrebbe dovuto informare il suo amico cinese di quello che aveva architettato nel corso dell'anno che stava per finire. Il momento della resa dei conti era giunto, sia con Ugul sia con Mister Hu che ormai non poteva più, anzi, non voleva più evitare. I suoi informatori le avevano riferito che Mister Hu aveva scoperto la sua tresca. Sapeva che il *Cinese* era arrabbiato e lei era già pronta a subire uno scontro violento. Più tardi lo avrebbe chiamato invitandolo a raggiungerla in albergo. Avrebbero avuto il tempo di parlare e forse lui avrebbe capito. Cercava di immaginare la sua reazione.

Tempo un'ora e mezza e arrivarono nella hall del Red Mandarin Hotel dove aveva riservato la solita *suite* chiamata Firenze, all'ultimo piano dello stabile. Prima di scendere dall'automobile l'autista le disse di avere un pacchetto per lei.

«Me l'ha consegnato una persona di sua conoscenza. Non mi ha detto il nome e io non ho insistito».

Giunta in camera Eliane ordinò una bottiglia di champagne. Tolse il contenuto dalla scatola: una pistola con due caricatori. Farsi consegnare quello che necessitava, senza rischiare controlli, era il suo modo di operare quando doveva passare la frontiera. Poi fece una lunga doccia calda. Si rivestì e indossò un lungo abito blu scuro e al collo mise una collana di perle bianche.

18 febbraio, ore 19:30

Seduta su una poltrona della suite compose un numero registrato nel suo cellulare sotto la dicitura confidenziale. Un numero speciale da utilizzare con parsimonia, le aveva detto quell'uomo incontrato tanto tempo fa, che le aveva regalato quella collana di perle bianche e che in seguito era scomparso dalla sua vita. Un uomo ora non più giovanissimo con il quale anni prima aveva trascorso pochi ma intensi momenti a Hong Kong. Nel corso dell'ultimo anno le loro storie si erano sfiorate ma mai incrociate. Lei era consapevole che lui la stava braccando. Più l'inchiesta di Mister Hu avanzava, più tracce lei aveva volutamente disseminato. Eliane cenò in camera, fece diverse telefonate e guardò le notizie alla televisione.

18 febbraio, ore 23:00
Una chiamata la fece sobbalzare.
«Mi scusi Miss Eliane, la chiamo dalla reception. Una giovane donna la sta cercando e desidera incontrarla. Ha detto che vi conoscete bene e che era sufficiente dirle che era di Dinar».
«La faccia pure salire».

Al suono del campanello Eliane si precipitò ad aprire la porta. La giovane che aveva chiesto di lei alla reception e che ora stava sull'uscio della camera col volto turbato e gli occhi di un nero feroce, non era Christine. Non era l'agente che l'aveva aiutata nelle sue trame contro i giovani uiguri a Marsiglia e Saint-Malo. Si era sbagliata. Avrebbe potuto essere lei, perché Eliane aveva ricevuto la notizia della liberazione della giovane dalla prigione. Sulla porta, inaspettatamente, si presentò Ugul.
La ragazza uigura, appena fuggita dalla prigione, l'aveva trovata. La sua era stata una scommessa: sapeva che Abigail, quando arrivava a Pechino, soggiornava sempre al Mandarin Hotel. Aveva vinto la scommessa. Ora, e con l'adrenalina a mille, avrebbe affrontato a viso scoperto la donna che l'aveva tradita. La voglia di vendicarsi di quella che Ugul credeva essere sua amica era superiore al rischio che correva nel re-

carsi in quell'albergo. Non aveva molto tempo perché la polizia la stava braccando. Il suo appartamento vicino al Tempio del Lama era sotto sorveglianza così come la *Safe House* che i suoi amici uiguri avevano preparato a nord di Pechino.

Ugul entrò come una furia nella stanza. Era intenzionata a non lasciar parlare la donna. Per una volta il gioco l'avrebbe condotto lei. Si guardarono negli occhi. Eliane vide in quello sguardo, un tempo luminoso e intenso, oggi triste e feroce, quali fossero le sue intenzioni. Quel momento Eliane lo aveva previsto, ma non così presto, non quel giorno. Ugul, con un coltello in mano, le ordinò di raggiungere il salotto della *suite* e la fece sedere. Eliane non fece opposizione. Quei momenti pieni di tensione servivano alla sperimentata donna per organizzare la sua difesa. Con lo sguardo cercò il luogo dove aveva posato la pistola. Si ricordò di averla messa, forse, nella sua borsa. Capì immediatamente di essere troppo lontana. Teneva lo sguardo fisso su Ugul in modo da prevederne le mosse. Poi tentò un approccio, ma la ragazza non aveva nessuna intenzione di parlare con lei, non intendeva più farsi irretire da quella donna che con lei aveva fatto un vigliacco doppio gioco. La ragazza aveva fretta. Ugul non sapeva cosa avesse spinto Abigail a ideare e recitare quella commedia che aveva causato la morte di suo fratello e lo spietato assassinio dei giovani amici francesi e uiguri in Francia. Decise comunque che quanto intrapreso dalla donna contro la causa degli uiguri era meritevole di una condanna a morte senza giudici e senza appello. Le sensazioni che avvolgevano la ragazza in quel momento erano uguali a quelle che aveva sperimentato quando si era trovata davanti a Christos al piccolo ristorante sul Pireo.

In piedi, davanti alla donna, con il viso stravolto dall'emozione e dalla rabbia Ugul si rivolse a quella che per lei era Abigail.

«Come hai potuto tradire la mia fiducia e quella dei nostri amici uiguri? Perché hai giocato sporco fingendoti mia amica? Perché hai chiesto al tuo amico greco di uccidere mio fratello e ai tuoi sicari di assassinare i miei amici? Perché hai fatto finta di stare dalla mia parte, di volermi bene come una sorella, per poi tradirmi?».

Ugul non attese le risposte alle sue domande. Non ne aveva bisogno, perché era convinta di essere in possesso di tutte le prove del tradimento della donna. Poi, senza la minima esitazione approfittando del momento di distrazione di Abigail che si era chinata alla ricerca della pistola all'interno della sua borsa, si spostò rapidamente e da tergo le conficcò nel collo due lame affusolate che teneva pronte nella borsetta. Mentre, sotto la spinta delle sue mani i coltelli penetravano nel collo di Eliane, la ragazza sentì dentro di sé un dolore fitto, come fosse in simbiosi con il dolore che stava provocando a quella che fino a poco tempo prima aveva considerato sua amica. Eliane era ancora viva, ma completamente paralizzata, tanto che la voce le si fermò in gola. Ugul le si piantò di nuovo davanti e le gridò nuovamente in faccia tutta la sua rabbia. Eliane la sentiva ma non poteva reagire. Poi la ragazza estrasse i coltelli e un getto di sangue le macchiò la maglietta. Abigail cadde a terra e il suo sangue scese sulle spalle e sul vestito. In quegli ultimi istanti di vita, Eliane maledisse quell'atmosfera di fine d'anno che le aveva fatto dimenticare di tenere la guardia sufficientemente alta. Un momento o l'altro avrebbe dovuto attendersi di essere scoperta. Avrebbe voluto essere lei a controllare il gioco fino in fondo, ma non c'era riuscita. Quel malinteso sulla ragazza che aveva chiesto di salire in camera le era stato fatale.

Passarono pochi secondi e il viso di Eliane si fece pallido, gli occhi rimasero aperti e lo sguardo si spense.

Ugul era stremata. Le gambe le tremavano. Dovette sedersi per non cadere. Aveva fatto esattamente quello che aveva ideato nella prigione quando aveva saputo del tradimento della donna. Negli ultimi minuti di spasmodica attesa davanti al Red Mandarin Hotel aveva mentalmente raffinato il suo piano. Doveva colpirla prima che lei potesse parlare e magari trovare subdole scuse per giustificare il tradimento nei suoi confronti e in quello della causa degli uiguri alla quale aveva detto di credere. E poi c'era stato il suo concorso nella morte di suo fratello minore, ucciso da quel maledetto greco che lavorava per la polizia inglese.

Come in *trance* Ugul aprì la bottiglia di champagne e versò il contenuto sulla testa della donna in segno di rabbia e di disprezzo. Il vino frizzante si mischiò così al sangue creando bollicine rosse che le ricordarono alcuni quadri che aveva visto, proprio insieme alla sua vittima, in una galleria del 798, il quartiere degli artisti di Pechino. Poi si sedette di nuovo sulla poltrona di fronte al corpo e lasciò lo sguardo soffermarsi sul cadavere della donna. Chiuse gli occhi e rivisitò tutta la storia della loro conoscenza. Si chiese se tutto, proprio tutto, fosse stato un inganno oppure se almeno un po' dell'amicizia che Abigail, alias Eliane Merz, le aveva dimostrato, fosse stata sincera. Quel pensiero non riusciva a toglierselo dalla mente.

Improvvisamente il cellulare di Eliane si mise a suonare. Mister Hu, avvertito della fuga della ragazza uigura, aveva intuito che qualche cosa di grave sarebbe successo. Ugul trasalì, si scrollò di dosso la tristezza e il torpore che l'avevano investita. Doveva assolutamente lasciare la camera. I suoi compagni l'attendevano ben nascosti di fronte al Mandarin Hotel.

Ma prima doveva trovare una busta con contenuti preziosi, in possesso della donna. Quella busta che le era stata consegnata dal vecchio uiguro incontrato in un ristorante in un *hutong* di Pechino. Quella busta che lei, in un incontro a Urumqi aveva consegnato ad Abigail. La busta conteneva i nomi e gli indirizzi di terroristi uiguri e di simpatizzanti della loro causa sia in Cina sia all'estero. Ma non solo: conteneva anche i siti in cui nei prossimi mesi erano stati pianificati altri sanguinosi attentati. Ancora non lo sapeva ma quei minuti per cercare quel maledetto scritto le sarebbero stati fatali.

Mister Hu, partito in direzione dell'albergo, chiamò diverse volte Eliane sul cellulare senza ottenere risposta. Voleva avvertirla della fuga di Ugul dalla prigione. Dall'automobile telefonò al numero della hall dell'albergo.

«Ho chiamato la signora Eliane Merz della suite Firenze ma nessuno risponde. L'avete vista lasciare l'albergo?».

Gli riferirono l'ora del suo arrivo e gli dissero che forse era ancora in compagnia di una giovane donna che avevano visto salire nella suite verso le 23:00 ma che non avevano visto uscire. Hu capì che qualche cosa di grave stava succedendo. Giunto in prossimità dell'albergo ordinò all'autista di entrare attraverso l'autorimessa, salì al piano delle suite e si precipitò nella camera.

La porta era aperta, il *Cinese* vide Elaine accasciata sul pavimento. Il viso, il vestito e le spalle erano rossi di sangue. Diede un'occhiata alla borsa caduta a terra. Sentì un rumore. Vide Ugul uscire da una delle camere dove si era soffermata a cercare quel documento così importante. La ragazza, sorpresa ma non impaurita, lo fissò dritto negli occhi, con uno sguardo pieno di rabbia. Riconobbe in lui quel poliziotto che comandava gli uomini che l'avevano arrestata in Kirghizistan. Poi spostò gli occhi da Hu e guardò in direzione del tavolo vicino al letto dove pensava ci fosse la pistola di Abigail. Hu intuì la mossa. Senza esitare puntò verso di lei la sua pistola e la colpì alla testa, mirando alla fronte. Ugul stramazzò al suolo. L'arma del *Cinese* era munita di silenziatore e nessuno avrebbe udito lo sparo. Nello spazio di qualche secondo le aspirazioni della giovane uigura erano state cancellate. Cancellata anche la sua vita di ragazza nata vicino a Kashgar, cresciuta in una famiglia semplice ma istruita, che aveva scelto di combattere per la liberazione e poi la secessione del suo paese dalla Cina. Una lotta impari che l'aveva condotta ad atti estremi che non poteva che finire con la sua sconfitta. Quando Mister Hu uscì dalla *suite* era quasi l'una del mattino, scese nell'autorimessa dove lo aspettava il suo uomo.

VENTISEI

Pechino, giovedì 19 febbraio 2015, l'1:00 del mattino del primo giorno dell'anno della Capra
Il nuovo anno era appena iniziato. Gli impiegati della reception del grande albergo di *Wangfujing* si erano precipitati in strada ad ammirare il consueto spettacolo dei fuochi d'artificio. Mister Hu uscì dalla *suite*, scese dalla scala di soccorso, salì sull'automobile e ordinò all'autista di accompagnarlo alla sua abitazione. Giunto nel suo appartamento ingurgitò un paio di bicchierini di una di quelle grappe cinesi in grado di stordire un cavallo. Voleva dimenticare per un momento quella tragica storia che aveva visto la morte di giovani uiguri, del suo grande amico greco e di una donna rimossa dalla memoria ma poi prepotentemente ritornata, solo per pochissimi istanti, nella sua vita. Tutto era accaduto troppo in fretta. Mesi di indagini e poi, in un attimo, la scoperta del canovaccio della tragedia, degli attori chiamati a recitarla e della regista che l'aveva diretta. Mister Hu sentì l'impellente bisogno di confidarsi con persone amiche. Verso le quattro del mattino chiamò Giulio sul cellulare.
«Giulio, dove sei?».
«Sono al Pinocchio, con me c'è Marcel. Fra un po' partiamo per l'Orchidea».
«Aspettatemi, vi raggiungo appena possibile. Vi devo informare di quanto accaduto questa notte».
Giulio aborriva quei misteriosi preannunci tipici di Mister Hu. In questo caso nell'atteggiamento del *Cinese* c'era però qualche cosa di diverso, di allarmante. Per la prima volta

Giulio ebbe la sensazione che Hu fosse veramente destabilizzato. Giulio e Marcel, incuriositi e un po' allarmati, uscirono ad attenderlo sulla terrazza del Pinocchio che dava su una delle stradine più animate di Sanlitun. In strada c'era ancora parecchia gente. Molti erano *expatriates* occidentali che studiavano o lavoravano in Cina che avevano deciso di passare il Capodanno cinese a Pechino. Molti erano giovani maschi cinesi che, liberi dagli obblighi familiari, sublimavano con l'alcol il fallimento della ricerca di una fidanzata da presentare ai genitori o, eventualmente, di un'occasionale compagnia per trascorrere insieme quel poco che rimaneva della notte di capodanno. Il cielo era limpido e il vento da Nord più freddo che mai. Il *Cinese* arrivò al Pinocchio dopo circa mezzora.

«Accidenti Hu, ci hai spaventati, cos'è accaduto di tanto grave?».

«Maledetta notte di Capodanno, non sono riuscito a salvarla. Ugul l'ha trovata prima di me e l'ha uccisa... ancora una volta sono arrivato tardi».

Giulio pensò che questa non era una spiegazione da Hu. Lui e Marcel si guardarono chiedendosi se per caso il loro vecchio amico non avesse ingurgitato troppa grappa. Non ebbero nemmeno il tempo di chiedere spiegazioni perché il *Cinese* abbandonò la terrazza del Club e andò in bagno dove si lavò a lungo le mani come per cancellare le tracce dell'uccisione della ragazza uigura e si lavò il viso e gli occhi come per cancellare la visione della sua amica di un tempo sdraiata sul pavimento con i grandi occhi aperti e il corpo ricoperto di sangue. Rimessosi in sesto, uscì dal locale, raggiunse i due amici sulla terrazza e, tutto d'un fiato, raccontò quanto era successo quella terribile notte.

Hu raccontò dell'inattesa telefonata della donna che, unitamente alla ragazza uigura, si era rivelata una delle due interpreti principali della tragica vicenda che, oltre alla morte dei giovani uiguri, aveva causato la tragica morte dell'amico Christos. Quella donna che si era presentata con il nome di Abigail alla giovane uigura. Quella donna che con estrema disinvoltura aveva avvicinato Marcel con il nome di Eliane Merz. Quella donna che si era da poche ore rivelata una sua vecchia conoscenza dal nome Sarah, una ex agente del Mossad israeliano che Mister Hu aveva conosciuto molti anni prima a Hong Kong. Era stato Christos a raccontare a Giulio di quell'incontro con Sarah. Il *Greco* gli aveva chiesto di mantenere segreta quella storia che sul momento aveva turbato il suo amico cinese. Giulio e Marcel lo ascoltarono in silenzio, sorpresi dalla velocità e dalla tragica piega che avevano preso gli avvenimenti.

«Per la miseria Hu - disse Marcel - che nottata! Qualcuno ti ha visto uscire dalla suite delle due donne? Sicuro di non aver lasciato tracce della tua presenza sul posto?».

«Non ti preoccupare, Marcel - suggerì Giulio - l'ultima preoccupazione di Mister Hu è quella di lasciare tracce. Per due motivi. Innanzitutto perché avrà di sicuro chiesto a Charles Wei di passare a cancellare eventuali segni della sua presenza e inoltre perché l'inchiesta per valutare cosa sia successo in quella camera passerà dal suo ufficio».

Dopo che Giulio e Marcel erano rientrati da Istanbul la situazione era precipitata. Il *Cinese* li aveva informati delle vicende in Kirghizistan. I due non erano invece al corrente degli ultimi avvenimenti legate all'interrogatorio di Christine, anche se in questo senso c'erano stati degli indizi. Il fatto che la giovane francese fosse una pedina dei servizi israeliani di stanza nel Nord della Francia li sorprese non poco. Finalmente questa rivelazione permetteva loro di comprendere quanto vissuto in Francia e in seguito a Istanbul. I due non sapevano nemmeno della fuga inaspettata e rocambolesca della ragazza uigura dalla prigione cinese.

Da alcune ore ormai nella *suite* del Red Mandarin Hotel era calato il silenzio. Nulla sarebbe trapelato fino a quando qualche inserviente dell'albergo fosse entrato nella grande camera per le pulizie.

Quando fuori iniziò a far chiaro, Mister Hu, Giulio e Marcel partirono in direzione dell'Orchidea Blu. Charles Wei li aspettava sulla porta del suo locale. I due vecchi si scambiarono un'occhiata d'intesa.

Quella notte di Capodanno Charles Wei e Marcel si incontrarono per la prima volta ufficialmente. Il bretone era un po' intimidito per via dei racconti su Wei. Robert lo aveva descritto come un uomo freddo e di poche parole sul quale si poteva contare senza limiti. Per non sfatare le tradizioni, anche Wei, come Hu e Giulio, chiese a Marcel di seguirlo nel suo ufficio dove, fissandolo negli occhi, gli ricordò che Ami Li era anche per lui la figlia adottiva alla quale non si poteva fare del male. Marcel, tra il divertito e lo spaventato, ipotizzò che la sua amica aveva probabilmente il *palmares* dei migliori guardaspalle del mondo.

I quattro amici rimasero all'Orchidea Blu fino a tarda mattinata. I Dim Sum preparati dal cuoco di Wei ebbero il merito di riportarli momentaneamente in sé. Nel frattempo le Orchidee stavano lasciando il locale. Alcune da sole, altre in compagnia di clienti intenzionati a festeggiare fino in fondo il nuovo anno. Hu chiamò Robert a Marsiglia e Rose, la moglie di Christos, ad Atene. A Robert raccontò per filo e per segno quanto avvenuto. Gli disse che tutti lo attendevano presto a Pechino. Marcel cercò Ami Li sul cellulare che però era spento. Quella notte la giovane poliziotta era stata di pattuglia con il compito di evitare che nottambuli ubriachi facessero danni. I cinesi sono conosciuti per riuscire a trangugiare in poco tempo quantità industriali di alcolici.

Ami Li e Marcel si erano accordati per trovarsi nel pomeriggio del primo giorno dell'anno. Fra qualche ora il bretone le avrebbe detto che si sentiva pronto a iniziare una storia seria con lei. Gli avvenimenti degli ultimi mesi avevano fatto sì che il loro legame diventasse di giorno in giorno più forte. La loro relazione era diventata per entrambi sempre più importate.

19 febbraio: ore 11:00
Quando fuori era ormai giorno e gli inservienti e le Orchidee avevano lasciato il locale, i quattro amici esausti si assopirono sulle poltrone del locale. Nel frattempo, il poliziotto che era intervenuto, unitamente a un medico legale, nella suite del Mandarin Hotel era intento a esaminare le registrazioni delle telecamere poste negli ascensori e nei corridoi dell'albergo. Si vedeva chiaramente Eliane entrare al Mandarin Hotel nel pomeriggio della vigilia di capodanno. Verso le 23:00 una figura femminile era salita dalla *hall* dell'albergo al piano delle *suite* ed era entrata nella camera di Eliane. Vestiva jeans, maglietta bianca e giaccone blu. Da quel momento in avanti dalle telecamere non figurava altro. Le registrazioni erano state bloccate. Dalle 23:30 chiunque avrebbe potuto entrare e uscire dalla *suite* senza essere visto.

19 febbraio: ore 12:30
Il telefono di Hu si mise a squillare. Era un suo vecchio collega che lavorava presso una stazione di polizia della capitale. Dall'altra parte del filo la voce era allarmata e nervosa. La chiamata sorprese Hu nel sonno.
«Senti, Hu, mi hanno detto che tu conosci l'agente di polizia Ami Li. Ho saputo che spesso lavora anche per te».

«Certo, perché mi parli di lei?» – rispose il *Cinese* ancora un po' confuso per quel risveglio improvviso.

«Niente di bello purtroppo. La giovane, insieme ad altri poliziotti, è stata coinvolta in una sparatoria con un gruppo di individui che tentavano di sfuggire a un posto di blocco nei dintorni del Tempio del Lama. La tua poliziotta è stata colpita al fianco da un colpo di pistola ed è stata portata d'urgenza all'ospedale militare, quello sul terzo anello Nord. Al momento è tenuta in coma artificiale. I medici dicono che le sue condizioni sono molto gravi. Non è ancora chiaro chi fossero quegli uomini. Di sicuro erano armati e decisi a non farsi prendere».

Hu si precipitò a svegliare Marcel.

«Svegliati, Marcel. È successa una cosa grave. Ami Li è stata coinvolta in una sparatoria. Ora si trova all'ospedale. Non conosco esattamente quali siano le sue condizioni. Ho l'autista che ci aspetta sotto... andiamo!».

Mister Hu aveva evitato di proposito di riferire che Ami Li era in pericolo di vita. Il bretone non era ancora sveglio del tutto e riuscì a malapena a capire di cosa Hu stesse parlando. Con l'aiuto del suo autista e di Giulio, il *Cinese* lo trascinò fuori dall'Orchidea Blu e lo spinse nell'automobile che partì a piena velocità. Mentre l'auto sfrecciava verso l'ospedale militare il bretone si riprese e finalmente si rese conto di quanto successo. Tentava di formulare domande, ma non ci riusciva, come se la lingua si fosse paralizzata. Funzionava invece il cervello. Marcel in silenzio si poneva mille domande e finalmente riuscì a rivolgersi a Hu.

«Cos'è successo Hu, come sta Ami Li? Chi le ha sparato?».

«Mi dispiace, Marcel, ma al momento non ho risposte alle tue domande. I miei uomini mi hanno detto che potrebbero essere cittadini uiguri in fuga, ma la notizia va ancora verificata».

Marcel si mise a piangere. Un pianto di disperazione e di rabbia. Nel viaggio verso l'ospedale i pensieri gli turbinavano nella mente.

«Per la miseria, Giulio, Ami Li non può lasciarmi senza sapere che finalmente mi sono deciso a dirle che il nostro rapporto deve cambiare, che voglio creare con lei una vera famiglia. Perché sono stato così coglione da non avetglielo detto prima?».

Marcel era uno di quegli adepti cronici dell'indipendenza individuale ed era stato troppo preso dal suo lavoro per cercare un legame serio con la sua amica cinese. D'altra parte non era da molto che i due si frequentavano. Lei capiva i suoi motivi e le sue titubanze e non aveva mai fatto serie allusioni a una vita futura in comune, salvo ogni tanto introdurre scherzose battute sull'eventualità di condividere la loro esistenza.

Negli ultimi mesi, complice anche il coinvolgimento di Marcel nella vicenda del trasporto di mobili, il legame tra i due si era fatto più forte. Lui le era grato per tutto l'appoggio che gli aveva dato in questa complicata faccenda. Le era pure grato per averlo introdotto presso i suoi amici. E che amici! Lei si era affezionata a quel gigante bretone dal carattere impulsivo, capace di gesti gentili. Marcel le aveva promesso un viaggio a Parigi e nella sua Bretagna. Ami Li gli aveva promesso di portarlo in luoghi meravigliosi e sconosciuti della sua Cina. Per un mistero del destino, uno di quei luoghi era proprio la provincia dello Xinjiang e in particolare Kashgar, la capitale della minoranza uigura.

Marcel si ricordò di quel piccolo ristorante uiguro nell'*hutong* non lontano dal Tempio del Lama. Con lei aveva passato una serata particolare, carica di tensione a causa della missione segreta in cui Ami Li lo aveva trascinato usandolo come una specie di copertura. In quel luogo la giovane gli aveva spiegato i problemi di convivenza tra gli uiguri e i cinesi *Han* provocati dal terrorismo uiguro intriso di religione e di volontà di secessione. In quell'occasione Ami Li gli aveva pure detto che per certi versi capiva il sentimento di rivalsa di quella minoranza contro quello che consideravano l'oppressione cinese.

Un'ora dopo il *Cinese*, Giulio e Marcel erano seduti nella sala d'aspetto dell'ospedale militare non lontano dalla camera dove Ami Li stava lottando per la vita. Marcel si alzò e uscì nel giardino. In quella sala troppo riscaldata gli mancava il respiro. Con le lacrime agli occhi il bretone si guardò attorno e notò che il forte vento che da tre giorni avvolgeva Pechino in una morsa di gelo era di colpo cessato. Gli ritornò alla mente una frase letta diverso tempo prima in un romanzo di cui aveva dimenticato sia il titolo sia l'autore e che faceva pressappoco così:

"Qualche cosa non torna, sì ecco, ora non c'è più il vento. Tutto è gelido e calmo e immobile... i rami spogli dei giardini pubblici non si muovono, le foglie per terra non se ne vanno più in giro. Fa solo il solito freddo, efficiente, produttivo, implacabile. Un freddo che non si distrae."

Rientrato in ospedale, mentre rifletteva sul significato di quella frase, un medico con la faccia severa si avvicinò al gruppo di uomini in attesa.

«Chi di voi è Marcel?».

«Sono io» - disse il bretone scattando in piedi.

«Vada nella camera 24, c'è una giovane che le vuole parlare».

Giulio, stanchissimo, tornò al suo Pinocchio. Il locale sapeva di bagordi appena finiti. I suoi inservienti stavano pulendo affinché il *Club* fosse pronto per la prima serata del nuovo anno. Più di altri giorni i muri del locale sapevano di alcool, profumi e tabacco. Giulio aveva chiamato Robert e si era accordato con lui per passare insieme una delle prossime sere in cui sarebbe giunto a Pechino. Robert fu particolarmente contento della proposta di Giulio perché da tempo i due amici non si erano più visti. Entrambi erano tristi per la morte di Christos, felici per il "risveglio" di Ami Li e per la fine della vicenda che aveva visto Marcel trascinato nell'inganno di una storia non sua.

Mister Hu tornò all'Orchidea Blu. L'amico Charles Wei, avuta notizia dello scampato pericolo di Ami Li, sapeva che il *Cinese* lo avrebbe presto raggiunto al suo locale. Nella stanza segreta la sua Orchidea più fidata aveva già preparato tutto il necessario per trascorrere la tarda serata. Quella sera, lontano da tutto e da tutti, i due patriarchi avrebbero incontrato il loro amico *Greco*. I tre amici avrebbero gustato, nel silenzio di spazi riservati, un po' di pace surrogata. In quei momenti per i tre il mondo sarebbe tornato ad essere come prima… sarebbe tornato come doveva essere.

- Indice -

9	PROLOGO
12	CAPITOLO UNO
28	CAPITOLO DUE
34	CAPITOLO TRE
42	CAPITOLO QUATTRO
49	CAPITOLO CINQUE
61	CAPITOLO SEI
70	CAPITOLO SETTE
83	CAPITOLO OTTO
92	CAPITOLO NOVE
95	CAPITOLO DIECI
100	CAPITOLO UNDICI
104	CAPITOLO DODICI
107	CAPITOLO TREDICI
112	CAPITOLO QUATTORDICI
131	CAPITOLO QUINDICI
152	CAPITOLO SEDICI
168	CAPITOLO DICIASSETTE
175	CAPITOLO DICIOTTO

177	CAPITOLO DICIANNOVE
186	CAPITOLO VENTI
195	CAPITOLO VENTUNO
202	CAPITOLO VENTIDUE
211	CAPITOLO VENTITRÈ
225	CAPITOLO VENTIQUATTRO
236	CAPITOLO VENTICINQUE
244	CAPITOLO VENTISEI

Albatros